JN026786

東京
「多叉路」散歩
たさろ
交差点に古道の名残をさぐる
荻窪 圭
淡交社

東京の交差点は複雑だから面白い

東京各地を散策するのはすごく面白い。シンプルで整然として計画的に作られた街より、歴史の速度に街作りが間に合わず誰も全貌を把握できないほど複雑化した街の方が探検しがいがある、ということなんじゃないかと思う。

街のどこに着目するかは人によって違う。ある人は東京のユニークな地形に心奪われ、ある人は暗渠（あんきょ）に心惹かれ、ある人は電柱に思いを馳せる。土木系インフラ好きもいれば建築好きもいるし、マンホール好きも看板好きも神社好きもいるわけで、一緒に歩いていると「同じ場所でもひとりひとり違うところを見ているのだな」と感動する。

ちなみに、わたしが心を惹かれているのが「道」だ。特に古くからの道。東京、特に武蔵野台地と呼ばれる皇居より西側の台地は小さな谷地が無数にあるため、昔の人はなるべく無駄に上り下りをしなくてすむよう、水が集まって不安定な谷地はあまり歩かないよう工夫して道を通していた。すると当然、微妙にカーブした道路がいくつもできる。それが味わい深い。

そういう古い道筋は歴史散策に向いていると思う。交通量も信号も少ないし、神社や野仏（のぼとけ）やかつての商店街や巨大な旧家に出会えるので、歩いていて楽しいのだ。

史跡巡りも当時の道筋を辿ると、より歴史を足で感じ取れてよい。

でもそういう地形に即した昔ながらの道は、主要交通手段が自動車になった時代には向かない。古い水路も農業地帯から住宅地に転換すると不要になる。そこで古い道筋を（おそらくはやむを得ず）温存しながら自動車に適した新しい道を追加し、水路も暗渠化して道路にし、気がついたら複雑な多叉路（たさろ）がいくつもできたのだ。

本書はそんな東京に無数にある多叉路からいくつかをピックアップし、交差する道が多い順に並べ、多叉路化の歴史を掘り下げつつ、歴史散歩のネタにしてもらえればうれしいなと思って書いたものである。

地図上で見るといくつもの道が重なった単なる交差点も、歴史を遡ると、各時代の道が重なっていて面白いのである。

東京の道は複雑で方向感覚を狂わせるけれども、だからこそ面白い、と思っていただければ幸いである。

目次

第1章

九叉路

本書を「九叉路」から始めることにしたのは、ふと「九道の辻」を思い出したからである。

場所は東村山市。最寄り駅は西武多摩湖線の八坂駅。八坂の九道である。それだけで気になるよね。

というわけで、本書が扱う辻の中で唯一23区から外れている上に、今は九叉路ではないけれども、第1章は特別編って感じで楽しんでいただければと思う。今でも多叉路ならではのややこしさと、それを作り出した歴史を感じさせる、なかなかよいスポットだ。

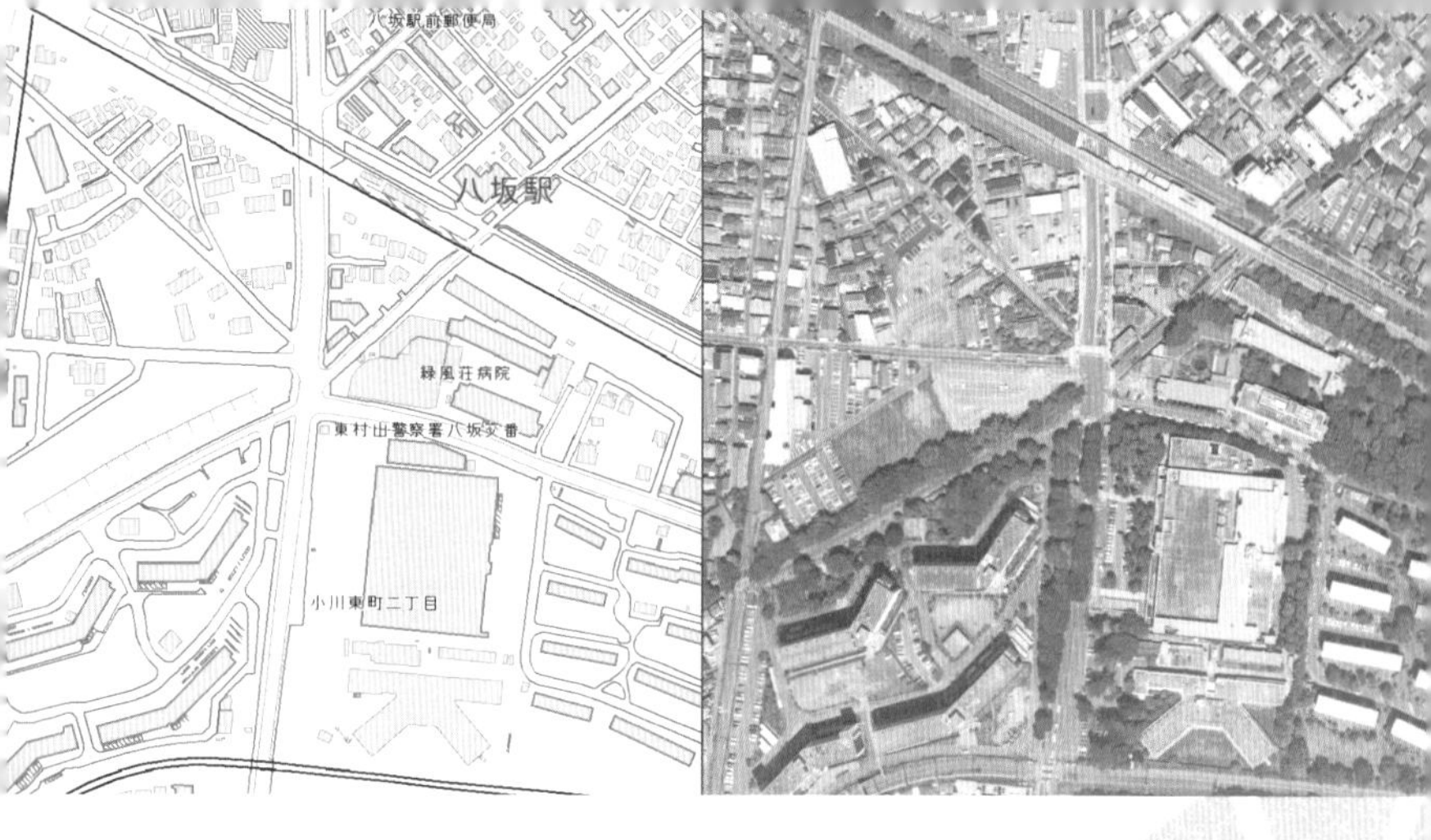

小平市、東村山市

鎌倉街道に残る九道の辻

六道の辻と九道の辻

京都には「**六道の辻**」と呼ばれる場所がある。松原通を東へ向かうと、松原橋で鴨川を渡る。牛若丸と弁慶が戦ったという「京の五条の橋の上」はそこ。

実は平安時代の五条通は今の松原通なのだ。豊臣秀吉の頃、五条通が変更されたのである。でも平安時代の名残はある。「五條天神」は松原通沿いに鎮座しているし、鴨川を渡って東へ歩くと「六道の辻」だ。

六道の辻には平安時代創建の「六道珍皇寺」というお寺があり、辻の南には鎌倉幕府が京都を警護するために置いた「六波羅探題」があった。実に歴史ある場所なのである。その道が五条通ではなくなっても、往時の痕跡は消せないのだ。

【図1】現代の地図

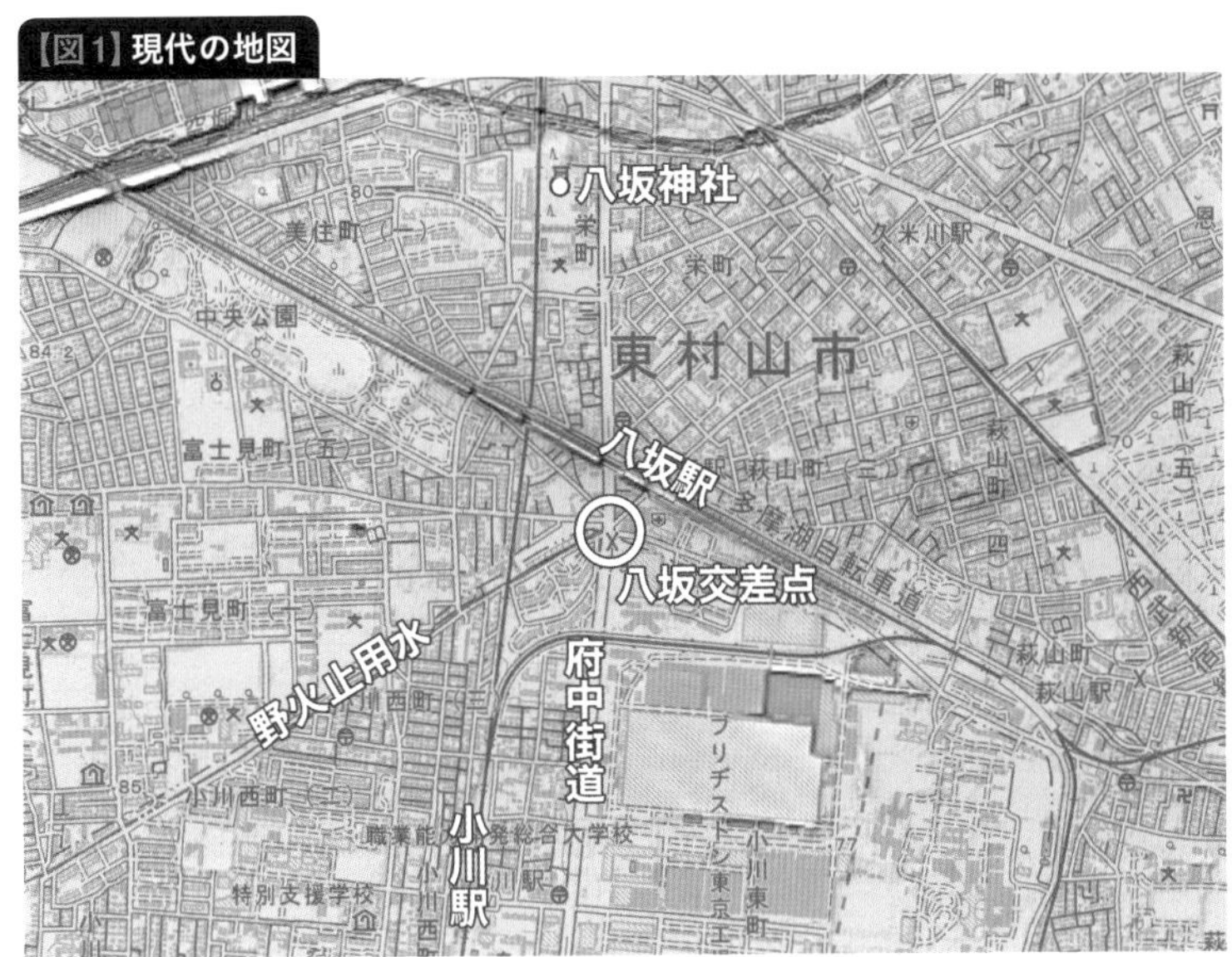

九道の辻（八坂交差点）は八坂駅のすぐ近くにある。

ここがなぜ「六道の辻」と呼ばれたのか。道が6本交差していたからではない。そもそも「辻」とは「十字路」を指す言葉だ。ここでいう六道は仏教の、衆生が生死を繰り返す6つの世界を指す「六道輪廻（ろくどうりんね）」のこと。

この辻はかつて京都の東の葬送地である鳥辺野（とりべの）へ通じており、ここで野辺の送りが行われたため、「この世」と「あの世」の境界とされたのである。

京都の六道の辻の碑と六道珍皇寺。

さてここで話は東京へ飛ぶ。

なにしろ東京には六道の辻を3つも超える「**九道の辻**（くどうのつじ）」という交差点があるのだ。

もっとも東京の「九道の辻」は仏教とは関係な

いし、冥府への道筋でもない。複雑な多叉路だったため、現地の人が有名な「六道の辻」をもじって「九道の辻」と呼び始めたんじゃないかと思う。語呂がいいし、江戸時代の人はそういう言葉遊びが好きだったのだ。

この九道の辻、9本の道が交わっていた複雑な交差点だったという。

その辻があるのは東京都東村山市と小平市の境界。東京の多摩地区。

電車では、西武多摩湖線八坂駅からすぐ。実はここ、西武拝島線、西武多摩湖線、西武国分寺線の3本の西武線に挟まれた場所なので、萩山駅や小川駅、西武新宿線なら久米川駅から訪問可能だ。

八坂駅のすぐ西を南北に「府中街道」が走っているのだが、九道の辻はそこにある。交差点名は「八坂交差点」。九道の辻に

現在の「九道の辻」、八坂交差点。

府中街道（かつての鎌倉街道）沿いにある八坂神社。

「八坂」というと何やら意味ありげでワクワクするが、実は関係ない。単なる偶然だ。「八坂」は、少し北にある「**八坂神社**」のこと。たまたま八坂神社が近くにあり、それが元で八坂駅ができ、駅前の交差点名になったというところだろう。

わたしが九道の辻をはじめて知ったのは7年ほど前。自転車で多摩湖を一周した後、東村山から府中街道を南下してみると、街道沿いに大きな神社があり、あわてて立ち寄ると、それが「八坂神社」だったのだ。

八坂神社なので素盞嗚尊（すさのおのみこと）を祀っており、江戸時代は「天王宮」（天王といえば素盞嗚尊のこと）と呼ばれていた。境内の由緒書きによると、1278年か1407年頃か、つまり鎌倉時代後期から室町時代に創建され、明治2年に「八坂神社」と名を改めたそうである。実に古い神社であるが、府中街道の前身を知ればさもありなん。

境内前のこの道は奥州街道だったという。奥州街道は府中（今の東京都府中市）から奥州へ向かう「**鎌倉街道**」と思っていい。鎌倉から室町時代に多数の軍勢が行き来した街道だったのだ。鎌倉時代末期、新田義貞が鎌倉攻めをしたときの道であるほか、街道沿いの各地でさまざまな合戦が行われたほどの主要街道だ。神社創建が中世に遡るのも頷けよう。

八坂神社前の府中街道を南下し、西武多摩湖線の高架をくぐると八坂の交差点があり、そこが九道の辻だったのである。

九道の辻は本当に九叉路だったのか

八坂交差点はかつて本当に九叉路だったのだという。

今はというと、地図【図2】を見てみると、どう見ても7本。途中から分かれていく細い道を加えても8本だ。

七叉路というだけでも複雑なのだが、気になるのは「かつては本当に9本あったのか」ということ。

そこで、古地図の出番である。明治前期の「フランス式彩色迅速測図」(いわゆる迅速図)で数えてみた【図3】。

9本あった、いや細い道を入れると全部で10本。九道を超えちゃってる。これは想定外。

伝承によると、この交差点に「迷いの桜」があった。鎌倉幕府最後の年となった1333年、新田義貞が上野国(こうずけ)から鎌倉を攻めるために通過する際、この辻でどれが鎌倉への道か迷ったので、道しるべとして桜を植えさせたのだそうな。現在、スーパーの駐車場脇に解説板とともに新たに植えられた桜がある。

交差点を斜めに貫く野火止(のびどめ)用水は江戸時代に作られたので、九道になったのもその頃かと思う。そして江戸時代の人々を迷わせ、九道の辻という名が付けられたのだろう。明治期の地図を見ると、確かに誰もが迷うと思う。

【図2】九道の辻の拡大図

普通に見て七叉路。多く見積もっても八叉路だ。

【図3】明治前期の地図

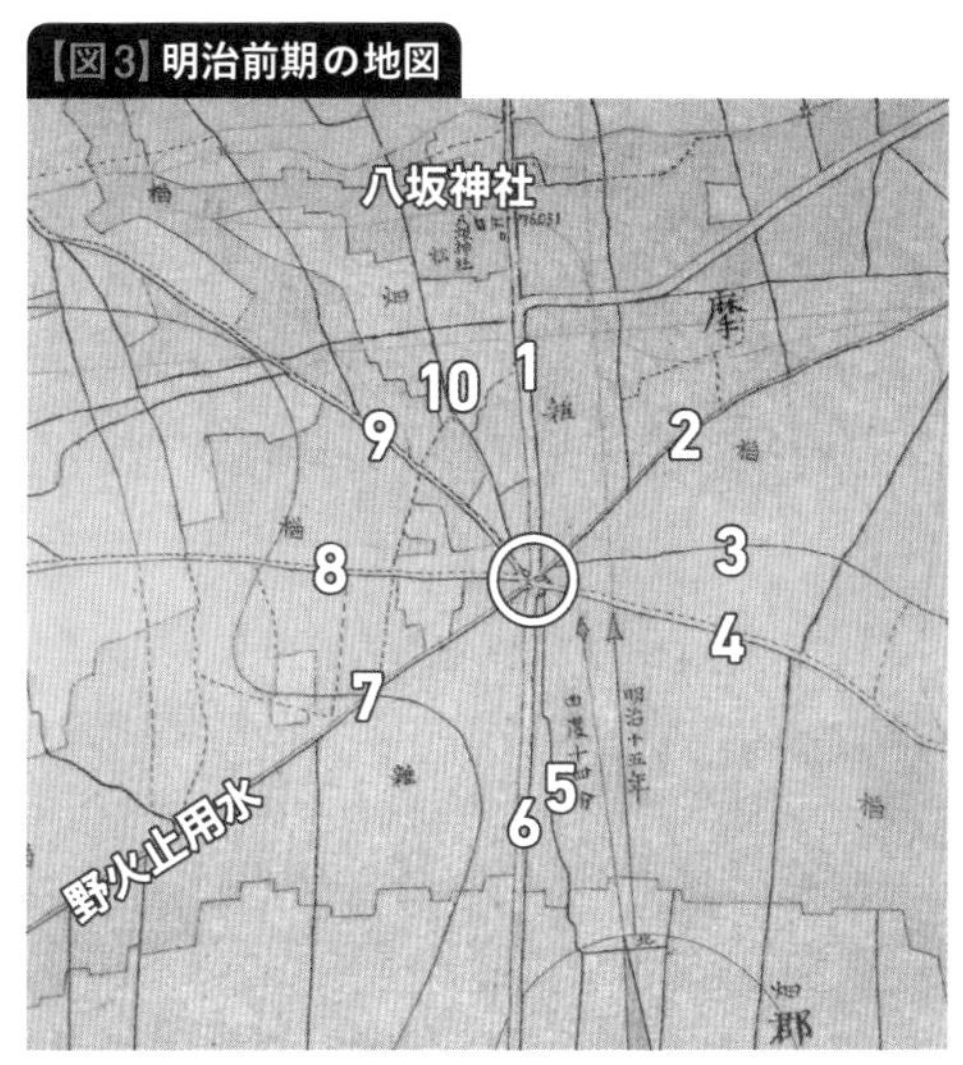

明治15年の地図で何本あるか数えてみたら……10本あった。3番と5番は失われたようだ。

なぜこんなに道があるのか。それぞれはどんな道だったのか。

現地の解説柱によると「江戸道・引股道（ひきまたどう）・宮寺道・秩父道・御窪道・清戸道・奥州街道・大山（おおやま）街道・鎌倉街道」の9本だったという。

野火止用水脇に設置されている解説柱。

そこで明治期の地図を見ながら、10本のうちどれがどれかずっと考えていたのだ。それが、今回本書執筆のために4年ぶりに訪れたら……、新しい解説板にどの道がどの街道に該当するかまで書かれていて、ちょっとショックである。ともあれ、現地解説板をベースに考えてみよう。

1 清戸道：わたしはこれが奥州街道だと思っていたので驚いた。確かに古地図を見ると北上すると清戸へつながるけど。

2 引股道：これは納得だ。この野火止用水沿いの道をまっすぐ進むと志木市の引又（ひきまた）宿に達するから。橋のたもとには石橋供養塔と馬頭観音が残されている。石橋供養塔は道標の役割もしていたが、文字がかなりつぶれており、「右八王子道」以外は判別できなかった。

3 なし：九道の辻に対して道が10本……と思ったら、小平市教育委員会の解説ではこの道が無視されておりました。残念。

4 江戸道：今でも江戸街道と呼ばれているので確定。江戸時代の道だろう。

5 鎌倉街道：今は失われているが、府中経由で鎌倉へ通じる鎌倉街道だった。

6 御窪道：この解釈は驚いた。この道を南下すると府中に至る前に「恋ヶ窪」を通過する。「御窪」は恋ヶ窪のことだろうか。

7 大山街道：野火止用水沿いの道。方角的に大山街道でOKだろう。相模（さがみ）国の大山へ向かう道だ。

8 秩父道：この道を西へまっすぐ向かうと箱根ヶ崎に出る。そこから北上すれば秩父へ通じていたろう。

9 宮寺道：入間市に宮寺という地名がある。狭山丘陵を迂回して宮寺に通じていたのだろう。途中に古社や城址もある。

10 奥州街道：この道は八坂神社の裏手を抜けてしまうので、奥州街道だったかどうか、ちょっと疑問ではある。

現地解説板の推定にひっかかるところはあるけれども、江戸時代には確かに複雑極まりない旅人泣かせの超多叉路で、畑や森の中にぽつんと現れた複雑な交差点を想像して楽しむ余地があって面白い。

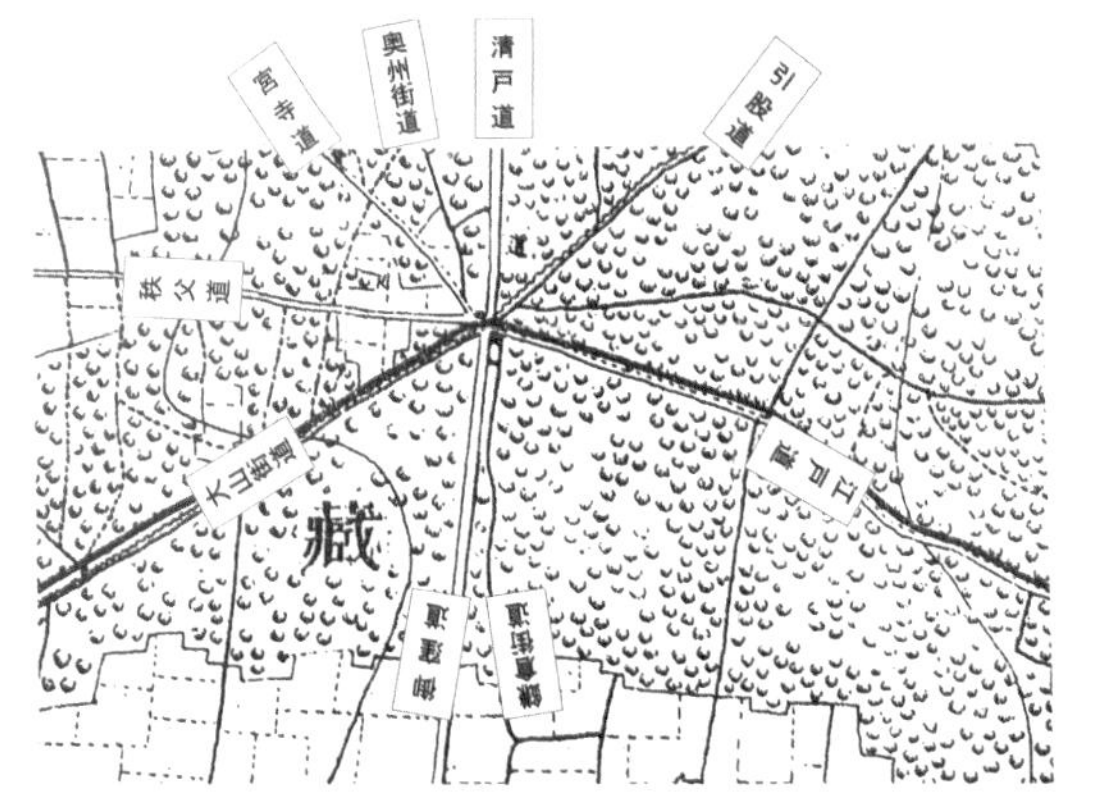

⬆ 迅速測図（明治13年(1880)）部分に加筆

迷いの桜の前に設置されていた小平市の解説板より。9本の道の名が書かれている。

野火止用水沿いにある石橋供養塔（左）と馬頭観音。石橋供養塔は元文5年（1740年）のもの。

column

東京にも「六道の辻」があった？

国立競技場に関する記事を書くために江戸時代末期の絵図「江戸切絵図」の該当する場所を調べていると、「六道辻」という辻が目に入ったのである。

京都の「六道の辻」とは違い、こちらは単に6本の道が集まった場所のようだが、先手組や百人組（どちらも足軽）や小役人の家が集まった場所で、道も細かく入り組んでいたのだろう。六道辻のあたりはちょっと広くなっていて、辻番所が置かれていたのが絵図からわかる。

明治時代にこのあたりが「青山練兵場」として買い上げられ、そのとき六道辻も道路や屋敷と一緒に消えた。その後「明治神宮外苑」となり、国立競技場や絵画館が建てられ、六道辻は忘れられた存在となったのであった。

1850（嘉永3）年の「江戸切絵図」より。六道辻とはっきり書いてある。今の神宮外苑軟式グラウンドのど真ん中あたりに該当する場所だ。

八叉路

「九道の辻」の次は「八叉路」。八叉路なんて東京にあるのか。調べてみたらあったのである。主要道への接続部分が曲げられて少し交差点からずれるなど、変則的な形ではあるが、地図を見て現地へ行くと、確かにこれは八叉路だ、と感じるはずだ。そんな八叉路を見つけたのでお連れしたい。

葛飾区東四つ木、東立石

低地に出現した連続八叉路

八叉路が連続したわけ

それは葛飾区にある。かつての渋江村（今の東四つ木と東立石あたり）。古くからの農村だ。

大正時代の地図【図2】を見ると土地の様子がわかる。上部を東西に横切る道が古道で、平安時代の**古代東海道**だ。平安時代からの道筋が残っていると思うと感慨深い。浅草の北方、石浜あたりで川を渡り、隅田宿から東へまっすぐ進む道。行き先は下総国の国府だ（今の千葉県市川市にある）。

街道の南北は水田地帯で、その脇に何軒か集まって集落を作っている。

東京の東には隅田川と江戸川に挟まれた広大な低地があるが、そこは地盤は悪くて水害が頻発する土地。人々は川が作った自然堤防の微高地に住み、低地で農耕を行っていたん

【図1】現代の地図

荒川近くの低地。耕地整理でできた5番目の街路を斜めに横切る道路。多叉路ができやすいパターンだ。

だろう。

江戸時代、その一帯を開拓すべく、用水路が作られたのである。これ、大事。

大正時代の地図で右上から左下へ流れているのが「東井堀」という江戸時代の水路だ。水路と古街道の間に集落があり、**白髭神社**が鎮守様だったことが見てとれる。

昭和に入ると耕地整理が行われ、水田が碁盤目状の区画に分けられた。そのとき江戸時代からあった用水路「東井堀」がその碁盤目を斜めに横切る形になったのである【図3】。

一方で1926（大正15）年には江戸川の水を水道に使うため金町浄水場が作られ、そこから各方面に水道が敷かれた。水道管はできるだけ直線で埋められ、その上は道路となり「**水道みち**」と呼ばれるようになる。

そしてその1本が東井堀と平行して、区画

【図2】大正時代の地図

耕地整理前は無秩序な水田地帯。そこを江戸時代からの水路（東井堀）が横切っていた。

【図3】昭和初期の地図

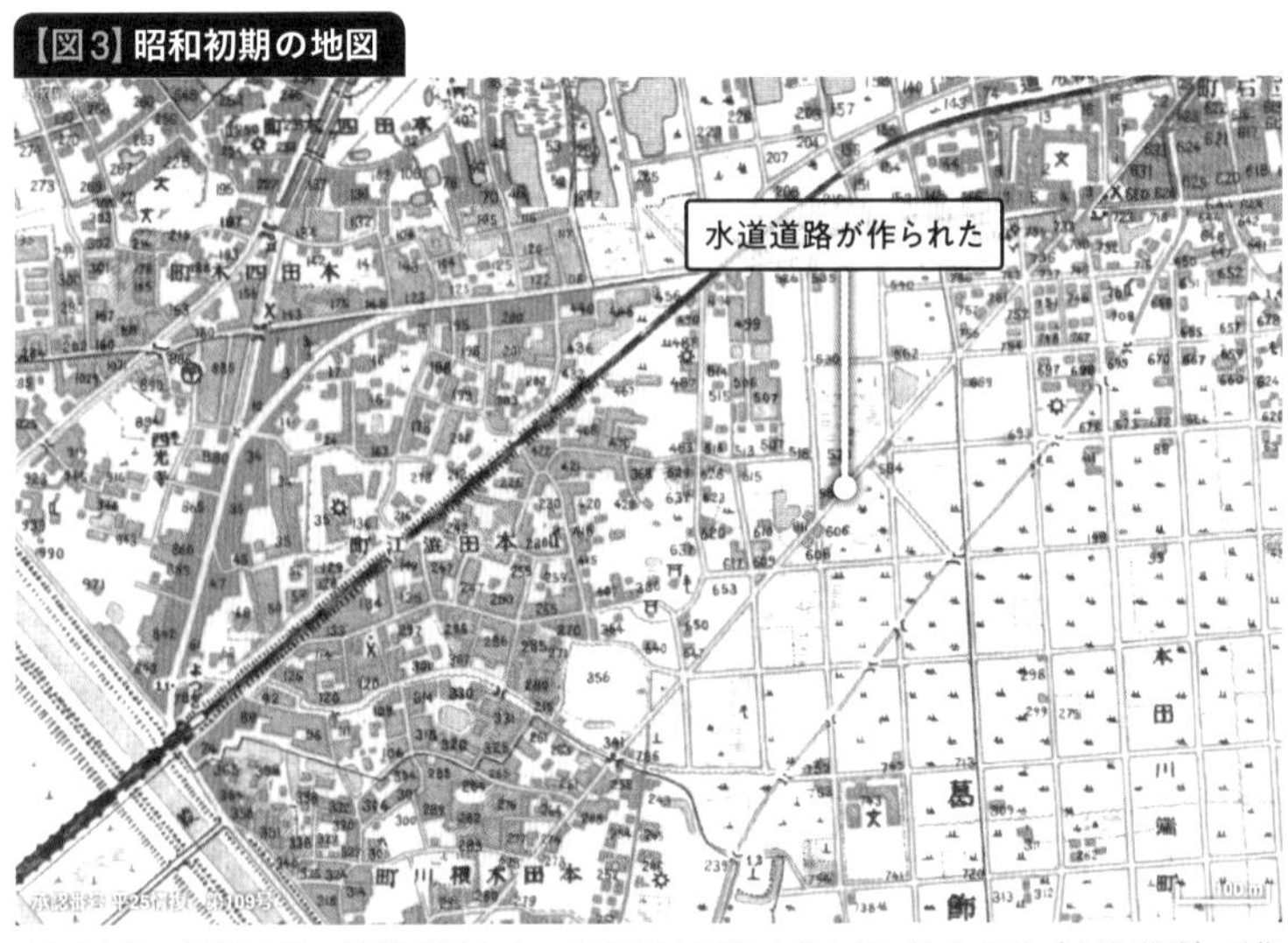

水田地帯に碁盤目状の道路が敷かれ、東井堀と平行するように斜めの道（水道道路）が作られた。

【図4】昭和30年代の地図

見事に多叉路が生まれている。

【図5】現代の地図

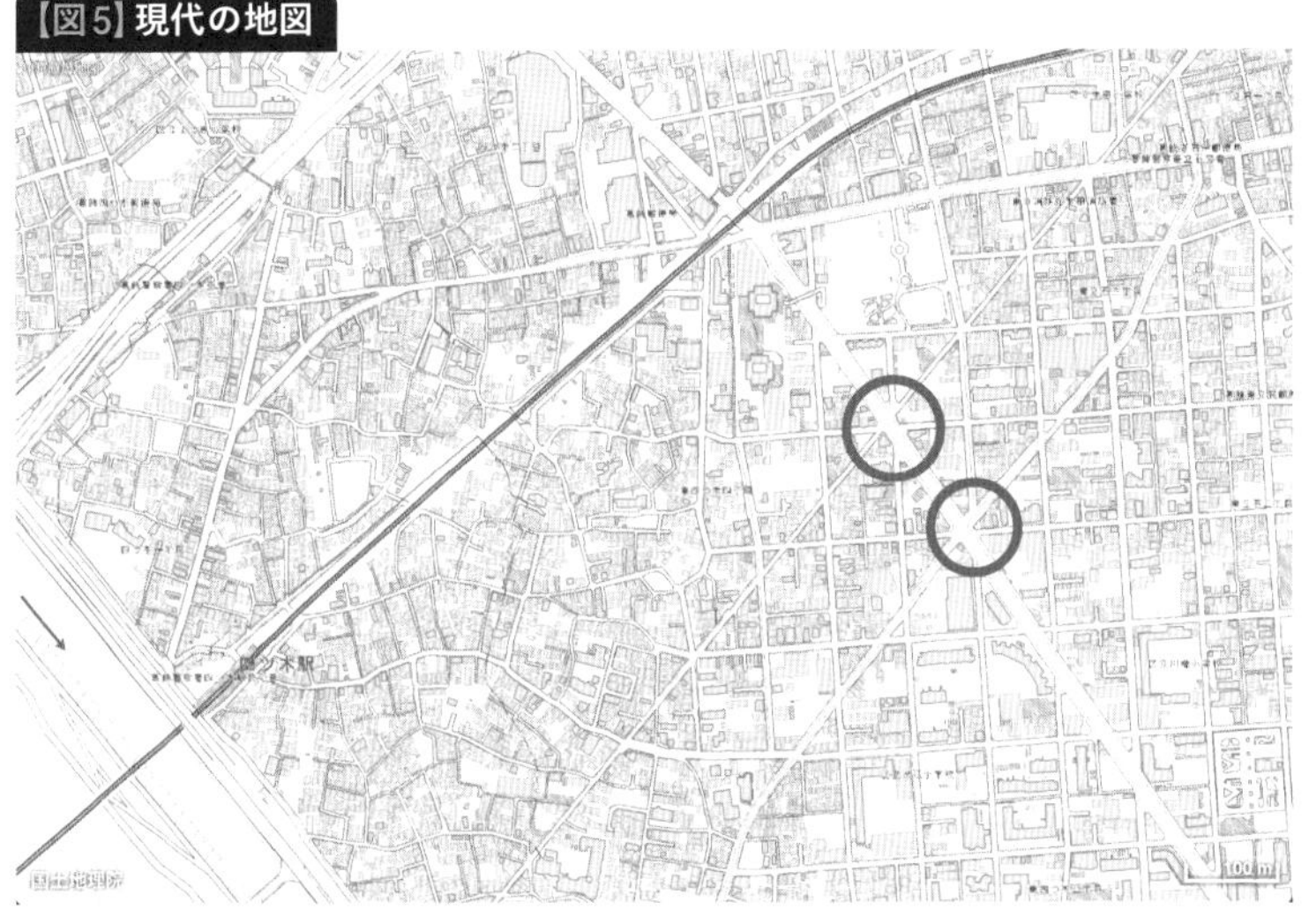

青丸がその八叉路。

整理された碁盤目を斜めに横切る形で敷かれたのである。

碁盤目状に整理された水田地帯と、それを斜めに横切る江戸時代の用水路と昭和の水道みち。なんとなく、多叉路への道筋が見えてきたではないか。でもこれだけでは、まだ六叉路。

戦後の高度成長期になると増え続ける自動車に対応すべく、新しく太い道が作られた。都道60号線（平和橋通り）である。これがまた絶妙な位置で碁盤目を斜めに横切ってくれたおかげで、平和橋通りと水道みちあるいは水路跡と十字路の3つが重なった八叉路が2つできてしまったのである【図4】。

その後、東井堀は暗渠(あんきょ)化されて道路となり、現代にいたったわけだ【図5】。

では現地へ行って確認したい。

四ツ木の八叉路散策へ

この八叉路を訪れてみたいという酔狂な方へ、駅からのおすすめルートを書いてみたい。最寄りは京成押上線四ツ木駅。荒川土手に飛び出そうな位置に駅がある。現代の地図を見るとわかるとおり、駅周辺にある古くから人が住んでいた地域の雑然とした町並みと、水田を人工的に碁盤目状に区切った町割りがはっきり分かれていて非常に面白い【図1】。

四ツ木駅の北側は古代東海道が通っているほか、平安時代末から鎌倉時代初期の領主「葛西(かさい)氏」の館跡があり、このあたりでももっとも古いエリアといってよいかと思う。

それを念頭においておくと歴史を感じられてより楽しい。漫然と歩いちゃうと単なる住宅地だからね。

四ツ木駅に到着すると「キャプテン翼」だらけ。駅構内をサッカー場に見立てて、トイレがゴール・ゴールキーパーが守ってるトイレに行きたいかといわれると微妙だけど（止められても困るし）。『キャプテン翼』の主人公・大空翼が少年時代に所属した「南葛（なんかつ）SC」の南葛は「南葛飾」。つまりこのあたりが舞台で、作者の高橋陽一氏も四ツ木出身というご当地なのだ。

駅の南口を出て、線路に沿って北東に歩くと、「キャプテン翼」の石崎くんの銅像がある。そこを右斜め前に入るのが昔ながらの道。しばらく道なりに歩くと渋江村の鎮守だった古社「**白髭神社**」に出る。ここが古い集落エリアと農地との境界、緩いカーブを繰り返した道の終点だ。

ここが白髭神社と名付けられたのは明治期のこと。江戸時代の地誌『新編武蔵風土記稿』には「白髭八王子客人（まろうど）権現合社」と書かれている。白髭（猿田彦）と八王子（素戔嗚（すさのお）尊（みこと）の八柱の御子）と客人権現の三社を合祀した神社だった。客人権現の客人は「まれび

白髭神社。

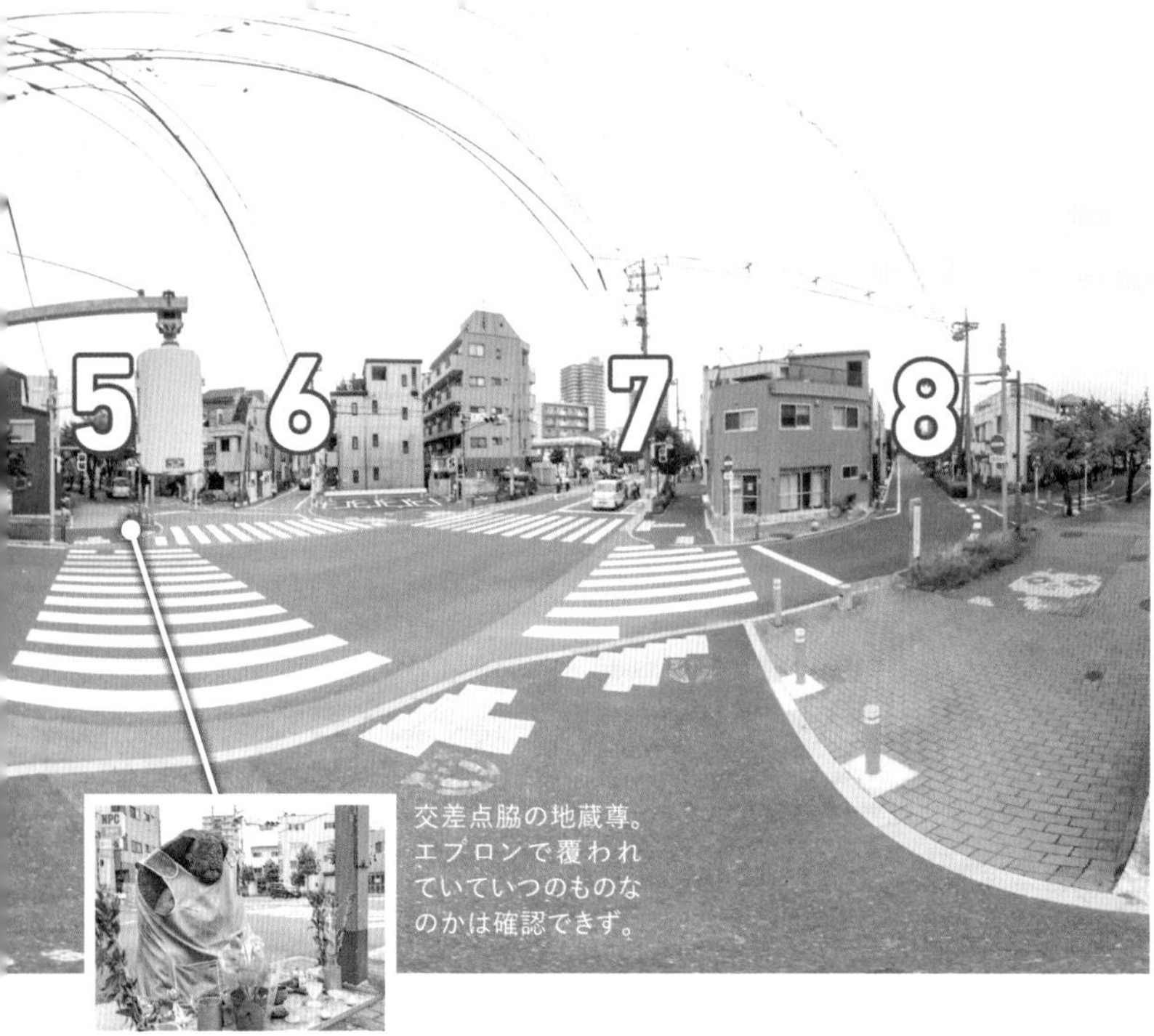

交差点脇の地蔵尊。エプロンで覆われていていつのものなのかは確認できず。

白髭神社境内。各地にあった道標を集めてある。

と」、まれに来訪する神様の意味で、特に日吉神社の白山宮に祀られている菊理姫神（くくりひめのかみ）のことを指す。江戸時代には商売繁盛を祈願する女神、客人大権現として人気を博し、境内には各地に置かれていた客人大権現への道標が集められている。江戸時代後期、文化文政の頃に大流行したらしい。

【写真1】忍橋交差点の八叉路を360度カメラで撮影したパノラマ写真。

神社の東側の道をまっすぐ東に向かうと、やがて大通りとの「忍橋（しのぶ）」交差点に出る。ここが八叉路なのだ。主要道の平和橋通りが幅広いので他の道との接続がわかりづらいが、現地で数えてみると確かに八叉路。

交差点で撮影した360度パノラマ写真【写真1】で解説すると、**1**と**5**が「東井堀」跡の暗渠道。**3**と**7**が新しい平和橋通り。残る**2**と**4**と**6**と**8**が耕地整理時の道だ。**8**の道が平和橋通りに接続するために曲げられている。本来はここで曲げられずまっすぐ**4**の道につながっていたのである。

交差点名の「忍橋」は「東井堀」にかかっていた橋の名前だろう。

東井堀沿いには小さなお地蔵様がいた。

平和橋通りを北西に向かうと次の信号も実は八叉路。こちらは「東立石水道道路入口」

の交差点で、斜めに横切るまっすぐな道が、金町浄水場につながる水道道路（水道みち）なのだ【図6】。

こちらも360度パノラマ写真【写真2】でどうぞ。**2**と**6**が平和橋通り、**4**と**8**が水道道路である。

徒歩や自転車だとわかるけど、平和橋通りを車で抜ける分には八叉路だなんて気づかないだろなと思う。

碁盤目の道を水路が斜めに横切り、その交点にさらに新道がかぶさってくるという三層構造の八叉路なのが味わい深いのである。

八叉路を堪能したら四ツ木駅へ戻るのだが行きと同じ道を歩いても面白くないので、平和橋通りをさらに北上して踏切まで。この踏切をまたぐ東西の道が平安時代の「古代東海道」で、その後ずっと使われてきた大変古い

【写真2】東立石水道道路入口交差点の360度パノラマ。こちらもよく見ると8本の道路が交差している。

【図6】八叉路周辺の拡大図

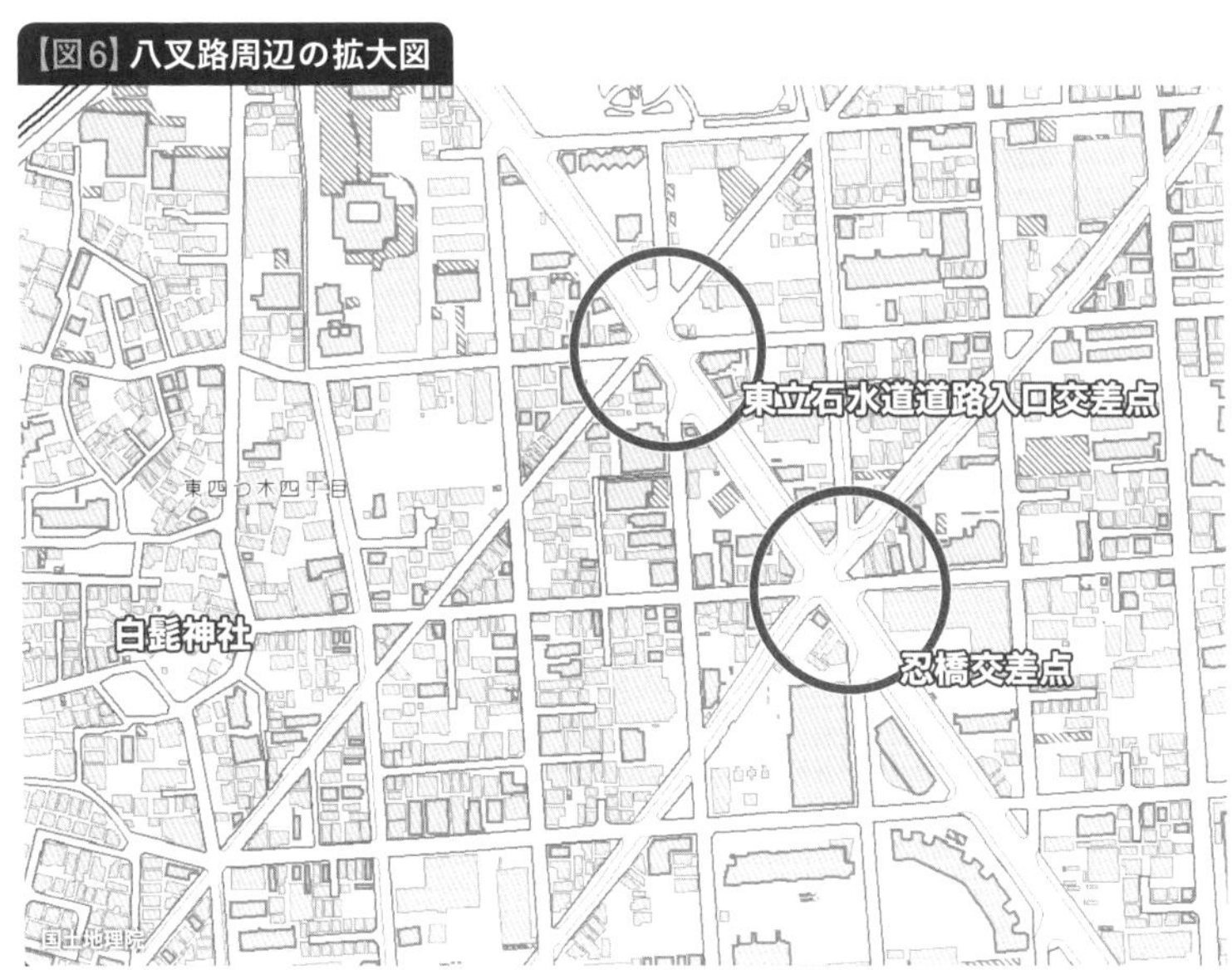

2つの複雑な交差点が連続しているのがよくわかる。

道だ。

鉄道と鋭角に交差するのでそこはちょいと途切れているが、踏切を渡ると左手に続きがある。

この古代東海道を少し歩き、三叉路を左手にとると駅方面に向かう。

四ツ木駅に向かう途中、右手に**西光寺**という古刹があるので立ち寄りたい。

平安時代末期から鎌倉時代初期の武将「葛西三郎清重（かさいさぶろうきよしげ）」邸跡と伝わるお寺だ。

鎌倉時代が始まる直前のこと。源頼朝が平家打倒のため伊豆で決起したはいいが、戦いに敗れていったん房総半島へ落ち延びて、そこで軍勢を整え、仲間を増やし、ふたたび鎌倉へ向かおうと東京低地を西に進んだのである。そのとき頼朝について協力した武将のひとりが葛西清重。その後、鎌倉幕府の御家人

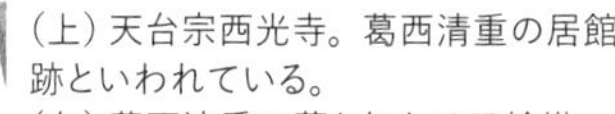

（上）天台宗西光寺。葛西清重の居館跡といわれている。
（左）葛西清重の墓と伝わる五輪塔。

として活躍し、奥州総奉行に任命された。

ちなみに「葛西」は「葛飾西」のことで、古代の葛飾郡が東西に分かれてできた地名。もともと秩父氏だったが、葛西を領したとき、その名を名乗ったのだ。

葛西氏の話をしたのは、近くに葛西清重の墓と伝わる古い五輪塔があるから。西光寺の裏手、住宅街の目立たない場所にあるので注意。四つ木つばさ公園（大空翼像がある公園）の西の方にある。ここまでくれば四ツ木駅はすぐだ。

足立区千住

高低差がミソの変則八叉路

並行する道を含む八叉路

もうひとつ、面白い変則八叉路を見つけたので紹介したい。8本のうち2本が平行しているという変則さだ。

それは**千住**にある【図1】。

以前、わたしがガイドを務める「東京古道散歩」という街歩きツアーのPRとして「次回は北千住を歩きます」とツイッターに書いたら、いきなり「北千住なんて地名はない」とツッコまれたことがある。

確かにその通り。「北千住」という駅はあるがそんな地名はないのだ。あるのは足立区「千住」。

逆に「南千住」という地名はあるが、それは江戸時代に奥州への玄関口である千住宿（せんじゅしゅく）が賑わってどんどん南に長くなり、とうとう荒

【図1】現代の地図 旧日光街道を横断する2本の堤が多叉路の要因。背景の青と緑は標高を表している。緑色は微高地。

川（今の隅田川）を越えて、もともと「千住」ではないエリアまで宿場の一部になったのが始まり。明治時代になったとき、千住は「**千住北組**」、南の拡張された千住は「**千住南組**」と呼ばれるようになり、千住南組がのちに南千住となったわけである。

そもそも、千住と南千住の間には隅田川が流れているわけだが、千住は「足立区」、南千住は「荒川区」と区からして違うのだ。だから千住に住んでいる人にとって「うちは北千住じゃない、千住だ」（あるいは、南千住は千住じゃない！）といいたくなる気持ちはわかる気がする。

さてその千住。明治前期の地図【図2】を見ると、田畑の中に家が密集しているエリアがある。そこが江戸時代からの「千住宿」だ。

南北に通じる賑やかそうな道が日光・奥州

【図2】明治前期の地図

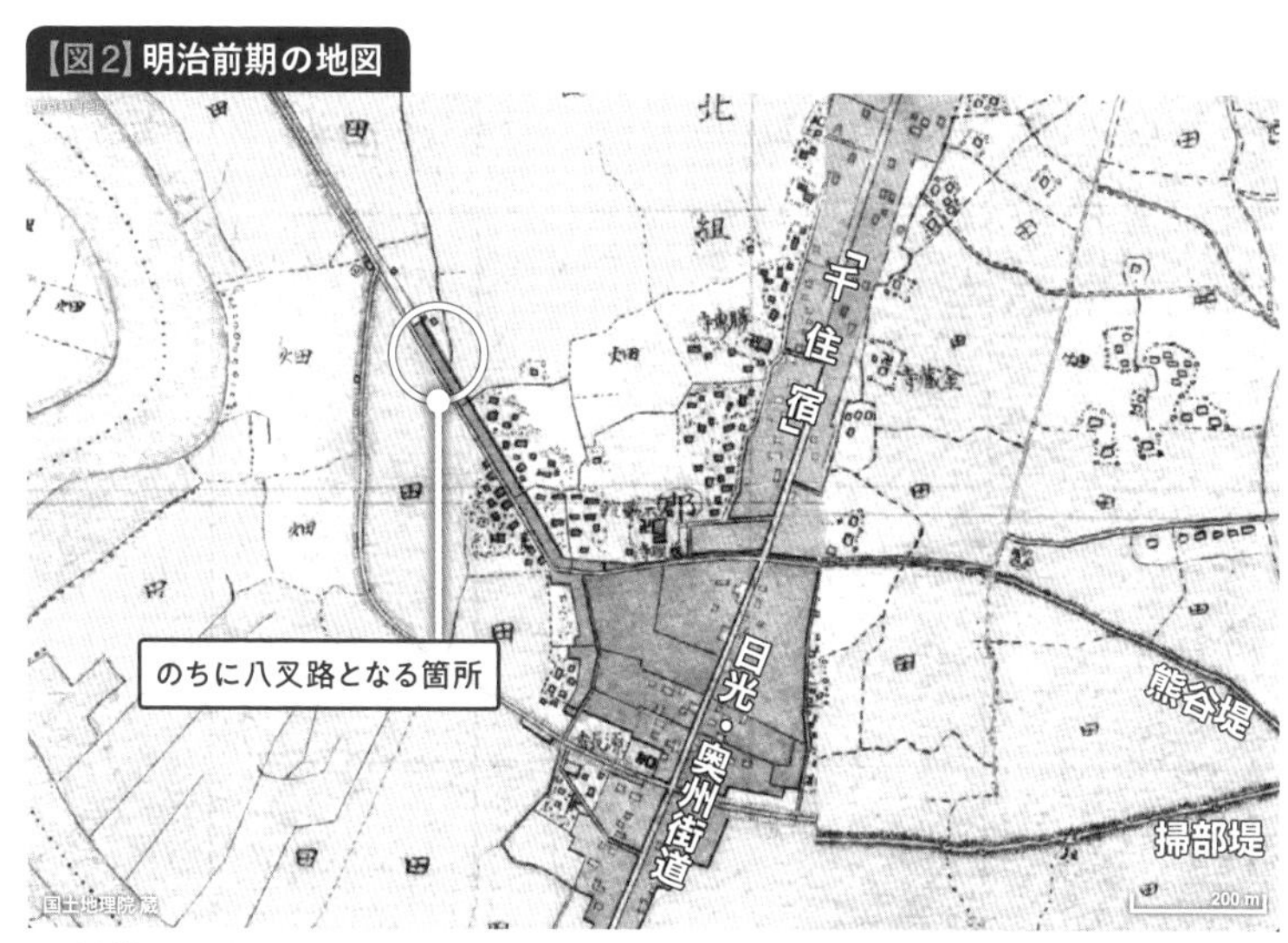

明治前期の千住の地図を見ると、日光・奥州街道と2本の堤がはっきりと描かれている。

街道で、街道沿いに家がびっしり並んでいるのがわかる。

その賑やかな街道を横切るような道が2本ある。

実はこれ、どちらも荒川（今の隅田川）の「堤」。千住は荒川沿いの低地で、荒川が暴れるたびに水害に遭っていた。そこで古くから堤が作られて水を防いでいたのである。

北にあるのが「**熊谷堤**（くまがやつつみ）」と呼ばれている、古くからの堤。いつ作られたのかよくわかってないが、江戸時代以前のものだという。その堤が道路として使われているのだ。

熊谷堤の名は、埼玉県の熊谷（ほぼ埼玉県の北端と思っていい）までつながってることから。荒川は洪水をよく起こしていたので治水は古くからの課題だったのだ。

その南にある大きく湾曲（わんきょく）した堤は「**掃部**（かもん）

【図3】明治末期の地図

明治末期になると水路や道路が増え、多叉路化の兆しが。今の千住神社がまだ氷川社と書かれているのも注目。

堤（つつみ）」。江戸時代初期に「石出掃部亮吉胤（いしでかもんのすけよしたね）」が築いたもので、その官名を取っている。少し川に近いところに堤を作り、使える土地を広げたわけだ。

千住の変則八叉路は「熊谷堤」にある。

明治末期の地図【図3】を凝視すると、のちに八叉路へと成長する萌芽を見てとれる。熊谷堤の北東側に1本の水路とそれに平行する道が描かれているのがわかるだろうか。堤は盛り土で高くなっている。そしてその内側に農耕や上水として使うための水路が作られていたのだ。荒川の水をもうちょっと上流で取り入れていたのである。

たいていの場合、水路は暗渠化されて道路になる。

熊谷堤の道路、それに並行する用水路、新しく作られた用水路、古くからある堤につな

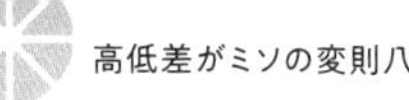

【図4】現代の地図

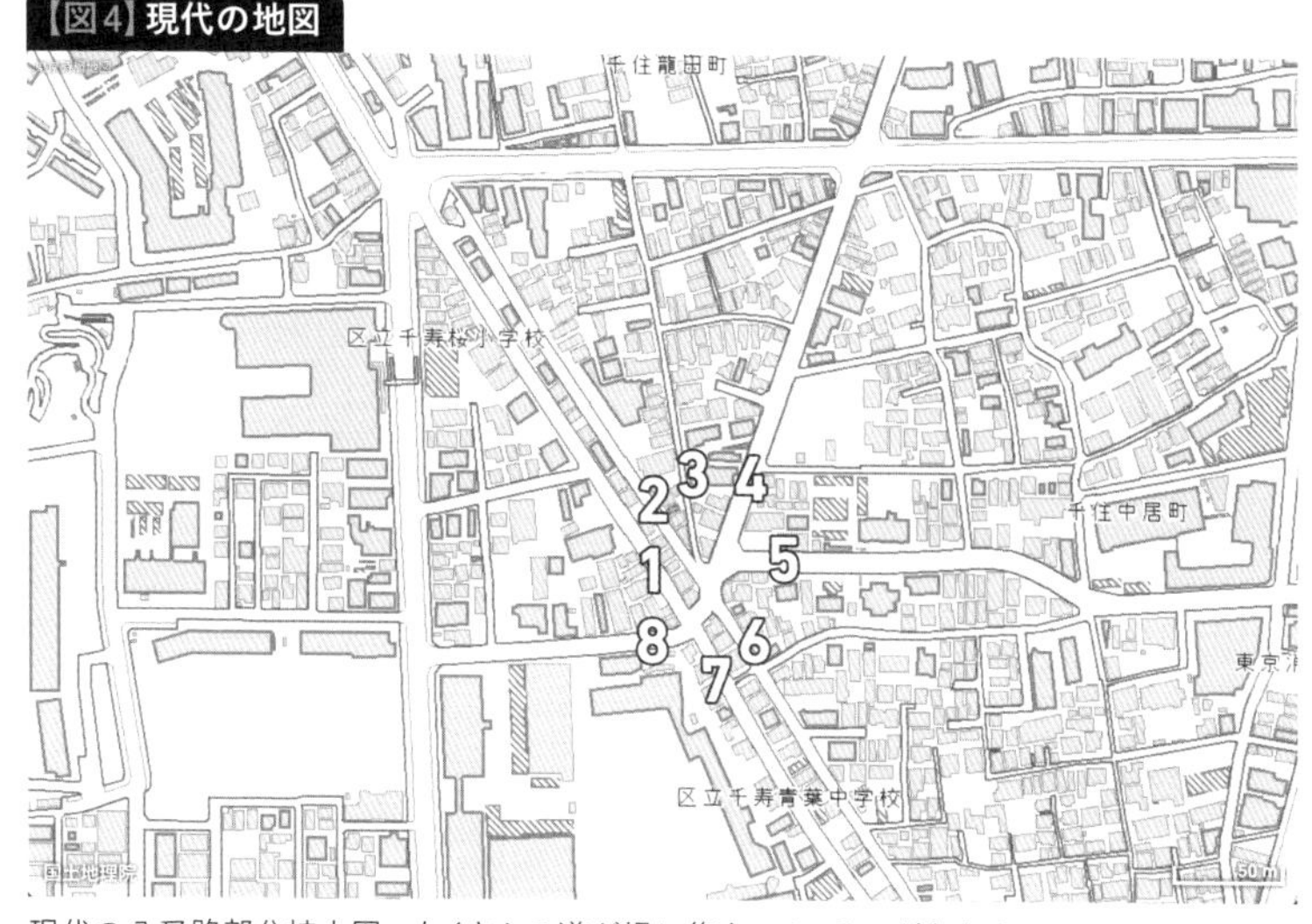

現代の八叉路部分拡大図。たくさんの道が堤に集まっているのがわかる。

がる道。

これを念頭において現代の地図【図4】を見ると面白い。

古い道、新しい道、水路だった道が複雑に絡み合ってるのである。

平行する2本の道をひとつの交差点として扱っていいのかという問題はあるけれども、現地を訪れると、確かにそれはひとつの交差点といっても過言ではない、という気がするのだ。

地図とパノラマ写真【写真1】で解説してみよう。

1と**7**が熊谷堤。堤といっても高低差は僅かしかない。

2と**6**が用水跡。堤よりほんのちょっと低いところを通っている。

3は江戸時代からの古い道。

【写真1】変則八叉路の中心に立って撮影した360度パノラマ。よく数えると8本ある。

【写真2】用水路跡の道と堤の間にある微妙な高低差が歴史を物語る。

4は大正通りで、明治期に作られた用水路を暗渠化した道。

5は昭和になって作られた新しい道。

8は明治時代に作られた掃部堤（今の墨堤通り）と熊谷堤を結ぶ道だ。

注目してほしいのはこの平行した2本の道の高低差。ちょうど、**3**・**4**・**5**の3本が合流するあたりから熊谷堤方面を撮った写真【写真2】があるので見てほしい。

微妙な高低差があるのがわかるはず。熊谷堤はちょっと高く、手前の道は堤下に掘られた用水路の跡なので少し低いのだ。

千住を含む足立区は低地な上に荒川や綾瀬川、利根川（江戸時代に改修されるまで利根川は東京湾に注ぎ込んでいた）の洪水に悩まされていた土地。堤は大事だったのだ。

八叉路と千住の深い歴史を味わおう

北千住駅前は実に賑わっており、江戸時代の宿場町としても有名で歴史散歩にはよいのだが、この変則八叉路は駅や街道筋から少々離れた場所にある。でも街道筋から離れた場所にも注目すべきスポットがあるのが千住だ。八叉路を味わうには、旧熊谷堤の道をたどるのが基本だ（P30、【図1】参照）。

北千住駅の西口を出て少し歩くと、日光・奥州街道の旧道が南北に走っている。現・日光街道（国道4号線）が少し離れた場所に新しく作られたため、江戸時代の旧街道がそのまま残っているのが素晴らしい。この道は道幅も狭く歩行者がメインの通りなので歩きやすい。

その旧街道（宿場町通り）を左に折れ、商店街を南下。最近はチェーン店も増えているが、高度成長期からずっと続いてるような個人商店もまだ残っていて、昔ながらの商店街のテイストをかろうじて残している。

400mほど歩くと、右手に小さな広場があり、地面に千住宿周辺の陶板マップが埋め込まれている【写真3】。これが実によくできている上に、どこに何があるか把握しやすいので一見の価値あり。地面にある大きな地図にのっかれば、地図が苦手な人でも感じ取りやすいと思う。

さらに少し南下すると交差点。交差するのは熊谷堤跡の道だ。大踏切通りという不思議な名前だが、北千住駅南の巨大な踏切を通るかららしい。素直に熊谷堤通りでもよいと思うが。

【写真3】広場にある千住の陶板マップ。手作り感もまたよし。

旧日光街道沿いに置かれた一里塚跡の碑。塚自体は残ってない。

この交差点は江戸時代、日光・奥州街道の**一里塚**と**高札場**が置かれていた場所であり、初期千住宿の南端でもあった。

この交差点を右折し、西へ向かう。右手に見える**慈眼寺**（じげんじ）は１３１４年（鎌倉時代）創建という古刹。千住がいかに古い土地かを教え

慈眼寺。1314年に行覚上人が創建したと伝える新義真言宗の古刹。

てくれる。

熊谷堤跡の通りをさらに西へ行くと大通りにぶつかる。これが今の日光街道（国道4号線）だ。ここの信号を渡ると道は細くなり、堤跡っぽい感じが少し出てくる。この道は右にゆるやかにカーブしているのだが、途中、明治40年創業の酒屋がある。

道なりに少し歩くと左手に**千住神社**の鳥居が見え、鳥居脇には「八幡太郎源義家陣営の地」の碑が立っている。平安時代後期の1051年、源義家が奥州の乱（前九年の役）を鎮めるために向かうとき、ここに陣を張ったという伝承があるのだ。

千住の鎮守だから千住神社だが、この名になったのは大正時代のこと。

往古は千崎と呼ばれていた土地で、平安時代の926年に稲荷神社が創建された。源義

千住神社入口。参道が道路から斜めに延びているのが特徴。

家が陣を張った頃は（それが史実だとすれば、だが）、稲荷神社だったのである。

鎌倉時代の1279年に氷川神社が勧請され、2つの神社が並んでいることから「二つ森」と呼ばれるようになった。明治時代、稲荷神社が氷川神社に合祀されて「西森神社」となり、大正時代に千住神社に改称したのである。

注目すべきは、なぜここに神社が作られたのか、だ。前述した通り、千住あたりは低地で水害も多く、神社を建てるのに向いた土地には見えない。

実はこのあたり、川の上流から運ばれた土砂が堆積（たいせき）してできた自然堤防と呼ばれる微高地なのだ。だから「千崎」という名がつき、森があり、神社が勧請されたのである。わたしはそう思う。今でも神社本殿の裏手を見る

右手に少し見えているのが千住神社本殿。裏手が低くなっているのがわかる。

と、少し高低差がある。自然堤防だった名残だろう。その自然堤防を利用して熊谷堤が作られた、と考えるとわかりやすい。

昔の人はちょっとでも高くて洪水に強い場所に神社を勧請したのだ。さすがである。

千住神社からさらに旧熊谷堤を北へ向かうと、千寿青葉中学校の交差点に出る。ここが変則八叉路だ。

「千寿」は「千住」をより縁起のいい文字に置き換えたもの。

変則八叉路からもうひとつ北にある交差点はなんと七叉路。ここは2つの古い堤の道が合流したところに新しい道が加わってできているのが面白い点だ。

さて八叉路へ戻って東へ向かう。堤の道から用水路跡の道へ折れて少し高低差を感じ、さらに東へ歩いて行くと、やがて左手に古い

昭和4年竣工のNTT千住ビル。角の丸さや随所に見られるアーチ状の意匠が印象的だ。

近代建築のビルが現れる。**NTT千住ビル**だ。1929（昭和4）年に、旧逓信省の千住郵便局電話事務室として建てられたビル。部分的にリニューアルされているが、角の丸みや随所に見られるアーチ状の意匠が印象的で、大正から昭和にかけてのビルならではのどっしり感もまた素晴らしい。取り壊されずにずっと残っていくことを願う。

再び国道4号線を渡りまっすぐ東へ向かうと、やがて宿場町通りに戻る。

千住宿の歴史に興味が出てきたら、宿場町通りを散策するのも一興である。

第3章

七叉路

東京には知る人ぞ知る有名な七叉路がある。大田区にある「七辻」。見事に7本の道が合流している上に、信号がないというユニークな場所。東京の多叉路の話をするとき、ここを外してはいけないのである。

もうひとつ、あまり知られてないが、世田谷区にも七叉路がある。どちらも江戸時代から続く道が歴史的経緯で多叉路化していった場所だ。この2つを訪れてみたい。

大田区東六郷ほか

大田区の美しい七辻

小径が七辻に進化するまで

東京都大田区。いうまでもないけど、東京の南端で多摩川を越えたら川崎市、東端は羽田の東京国際空港で、その向こうは海という場所だ。

大田区は「大森区」と「蒲田区」が合併してできた名前。大森と蒲田のそれぞれ無個性な方の文字をくっつけたのはなんか残念な気がするのだが、今さら言ってもしょうがあるまい。

七辻があるのは旧蒲田区の方。蒲田駅の南西で多摩川と呑川（のみがわ）の中間くらい。駅でいえば、京急蒲田駅、糀谷（こうじや）駅、雑色（ぞうしき）駅の中間くらい。大田区は西側の台地と東側の低地に分かれているけど、七辻は低地にある。京浜急行よりも外側だ【図1】。

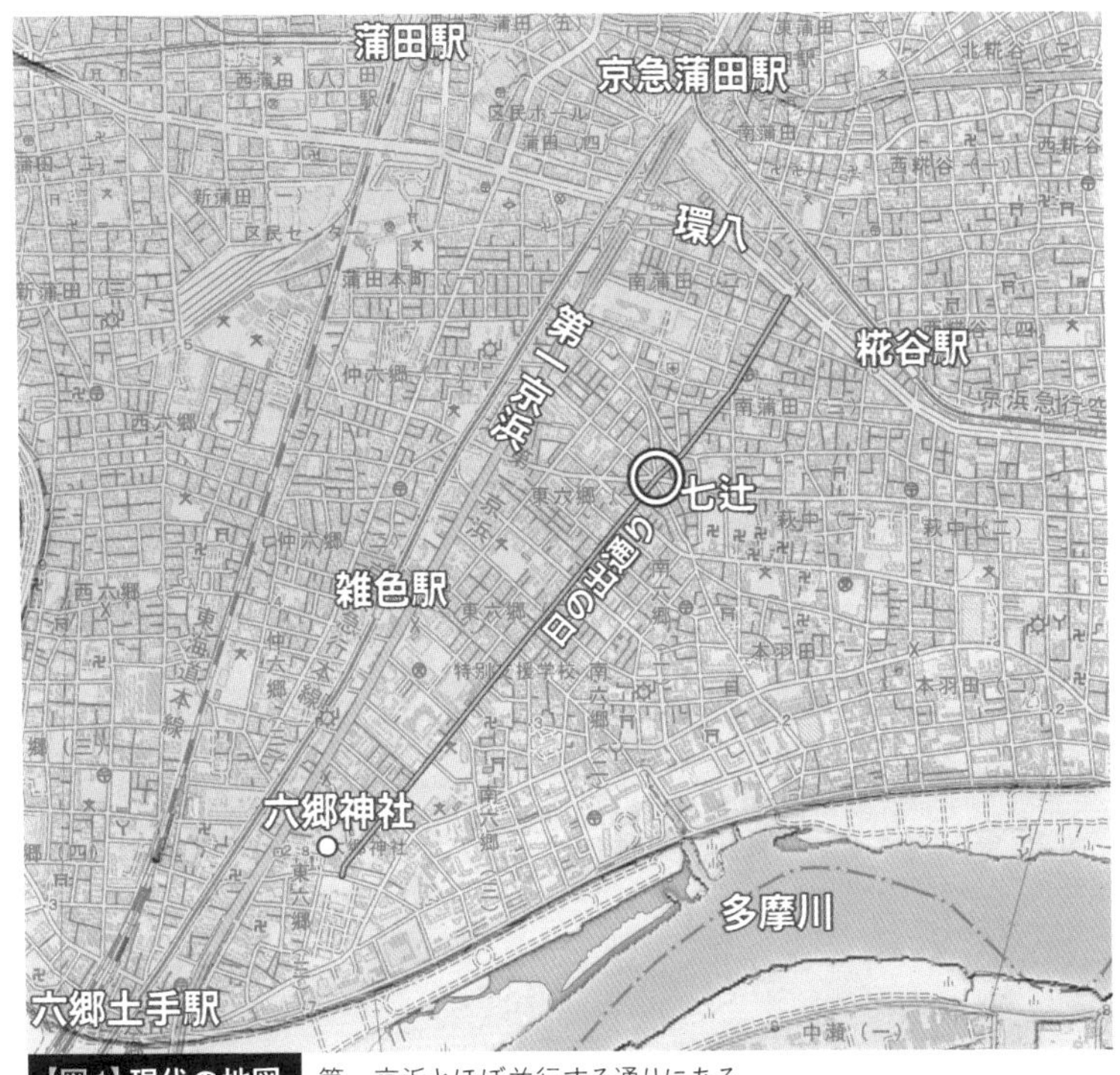

【図1】現代の地図 第一京浜とほぼ並行する通りにある。

あまりにきれいな七叉路なので、地図で見てもすぐわかる。

七辻は第一京浜（旧東海道）にほぼ平行して走るひとつ東側の道にあると思えばいい。

七辻の成り立ちを見てみよう。

まず明治時代前期の地図【図2】。○がのちの「七辻」になる場所だ。

点線は「徒歩にあらざれば通しがたし小径（こみち）」、つまり徒歩じゃないと通れない狭い道ということ。実線は「駄獣（だじゅう）」、つまり牛や馬など荷物を運ぶ家畜なら通れる道を指している。畦道（あぜみち）に毛が生えたようなものと思った方がいい。そんな狭い生活道が古くから通っており、それに用水路（**六郷用水**）がかぶっていて、多叉路

【図2】明治前期の地図

図の左、斜めにつっきるのが東海道。そこから1本東の狭い道に七叉路の萌芽がある。

七辻の片隅に置かれた解説柱に由来が書かれている。

七辻の由来
七辻の由来は、七本の道路が交差した地点という意味で名付けられたものである。大正六年から十年の歳月をかけて行われた耕地整理によって完成したもので、そのころは、荏原郡六郷村子之神と呼ばれ、人家もまばらで水田と桃・梨・ぶどうなどの果樹を植えた畑が広がり、春には花見客でにぎわったという。昭和の初期までは、農家の大八車が時折通るだけで七辻の道路も当時としては道幅が広すぎ、その両側には名もない草花が生い茂っていた。時代が移り変わり、多くの人々が住むようになっても自然を愛しやさしさと思いやりのある心は受け継がれ、この地に事故はない。
城南指圧治療院

化への予兆が見えるではないか。

ここが耕地整理などによって七辻になったのが大正時代である。現地にある解説柱には「大正六年から十年の歳月をかけて行われた

【図3】昭和戦前期の地図

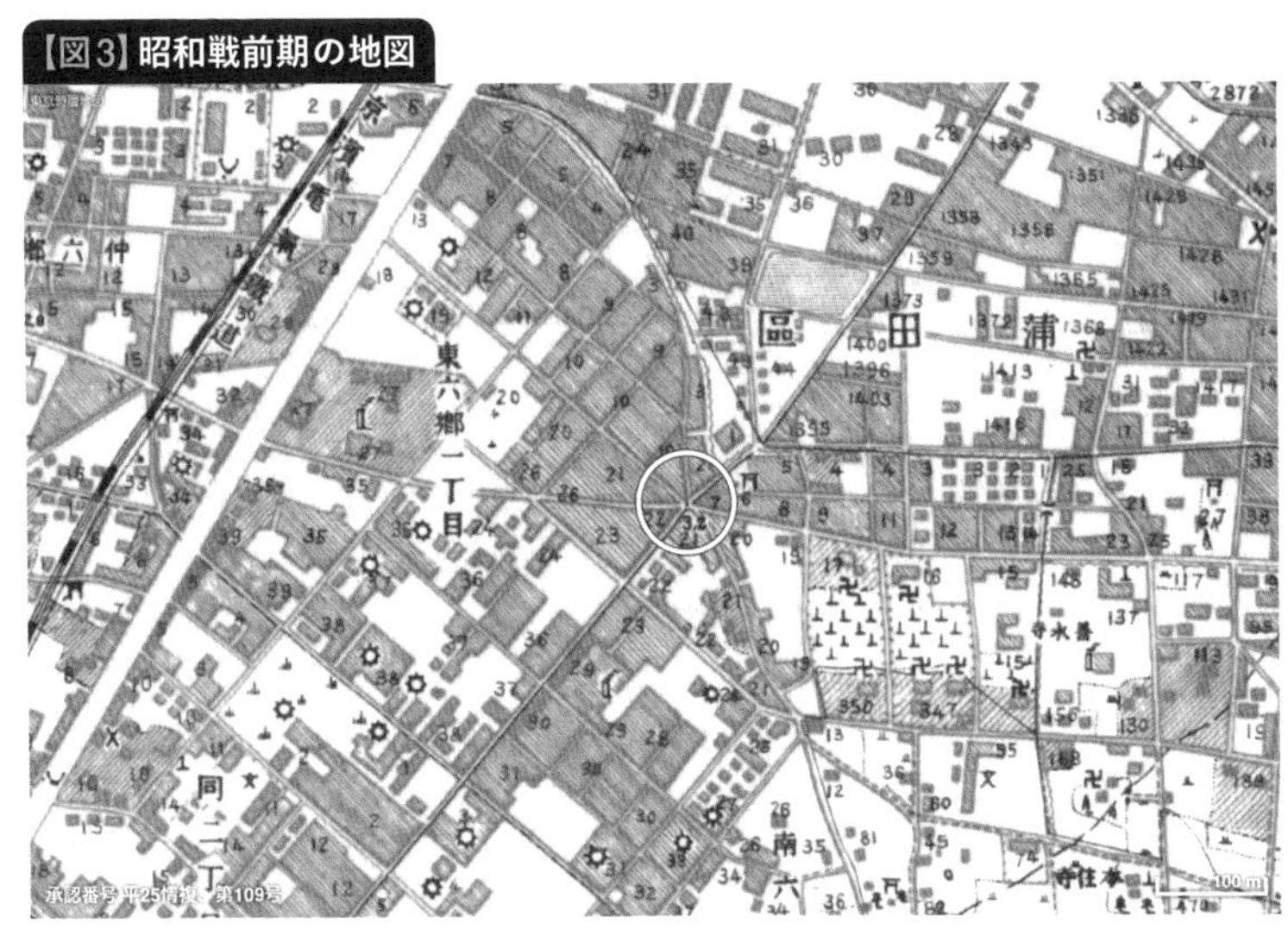

昭和に入ると耕地整理が終わり、きれいな七叉路が完成した。

耕地整理によって完成したもので……」とある。その耕地整理が終わったあとの昭和戦前期の地図【図3】を見ると、きれいな七辻が完成している。昭和初期からこの道幅でずっと七辻だったのだろう。

当時の地図を見ると七辻の北東に鳥居が描かれているが、残念ながら現存はしてない。どこかへ合祀されたのだろう。

日の出銀座から歩くと楽しい

実際に訪れるときは、最寄りの雑色駅より、京急蒲田駅がおすすめ。ちょっと離れているが、七辻に通じる「**日の出銀座商店街**」がなかなかよいのだ。

京浜蒲田駅の東口を出て第一京浜（旧東海道）を渡ったら、少し南下し、環八を左に曲がって歩くのが一番迷わない。そして「日の出通り交番前」の交差点から日の出銀座商店街に入る。道路がレンガ風舗装（インターロッキングブロック舗装という）になっているためすぐわかる。

この、昭和の香り漂う地元の店、チェーン店、コンビニなどが連なる商店街をずっと南下する。

時々、五叉路や三叉路と遭遇。直角ではない交差点が多くあるのがいい。

このレンガ風舗装がちょうど途切れたところが「七辻」。生花店や寿司屋など地元の店が集まり、近くにコンビニもあるのに信号はないのである。

つい七辻周辺を歩き回ってしまう。何があるというわけでもないけど、東へ行くとお寺がいくつか集中している。

この七辻から日の出通りをそのまま南西に向かうと「七辻（ななつじ）入口」という交差点

商店街らしい舗装が続く日の出銀座商店街。交通量も少なく歩きやすい。

日の出銀座の様子。五叉路に遭遇。

七辻の交差点。

7本の道すべてが写るよう、一脚にカメラを据え付け、高所から超広角で撮ってみた。

七辻入口の交差点には信号があるのであった。

がある。

肝心の七辻には横断歩道があるだけなのに、七辻入口には信号があるってのがなんだか面白い。

で、もし時間と体力があるならこの道を延々と歩くとよい。

やがて「**六郷神社**」に到達する。江戸時代は東海道を歩かずに六郷神社へ向かう、裏の参道的に使われていたんじゃなかろうか。

六郷神社は多摩川近くにある古社。平安時代後期の１０５７年に源頼義・義家親子が奥州の乱（前九年の役）を平定した帰りに創建したという伝承がある八幡神社だ。東京にはこの親子が奥州平定の折に勧請した・祈願したと称する八幡神社が大量にあるので真偽のほどはつっこまないことにしているけれども、古い八幡神社だったことに間違いはない。境内には源頼朝が奉献したという手水石や、鳥居の前には梶原景時（源頼朝に重用された鎌倉時代初期の武将。源義経と対立して讒言したことでも有名）が寄進したという石橋もあり、その頃にはすでにあったと思ってよさそうだ。

六郷神社となったのは１８７６（明治９）年。それ以前は「八幡宮」で、『江戸名所図

六郷神社の表参道の鳥居と、梶原景時が寄進したという石橋。時代を感じさせる古い橋だ。

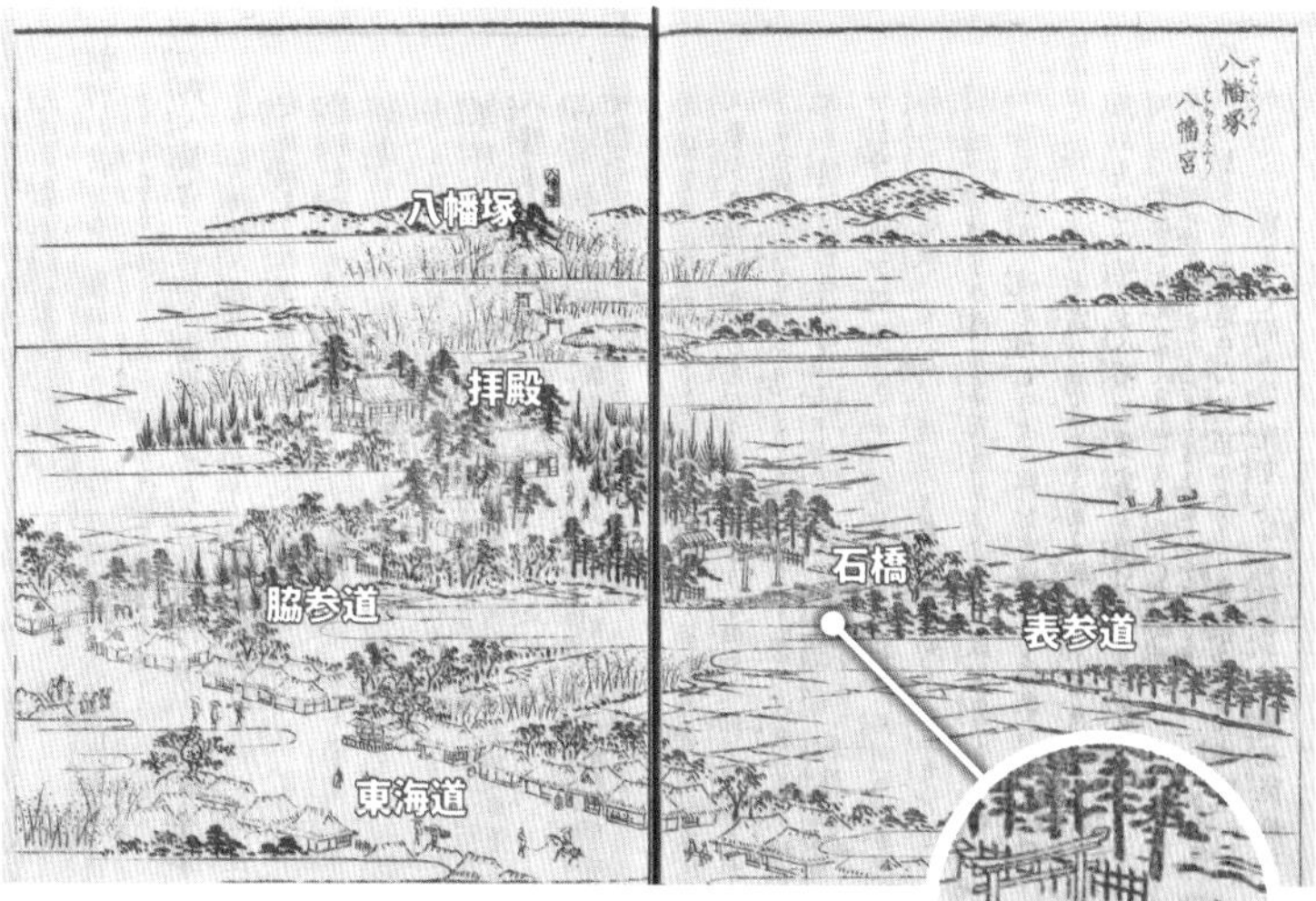

『江戸名所図会』(国立国会図書館デジタルコレクション)より
「八幡塚 八幡宮」。表参道の石橋もちゃんと描かれている。

境内の隅に残る八幡塚。『江戸名所図会』と同じ位置だ。立入禁止なので近寄れない。

会』には「八幡塚　八幡宮」として描かれている。八幡塚と呼ばれる塚は今でも『図会』と同じ場所に残っている。

日の出通りは六郷神社境内をぐるっと回って南側の表参道の鳥居につながっているのでそちらから参拝。

第一京浜側にも参道（脇参道）があるが、これは江戸時代に東海道が整備されてから、そちらからすぐ参拝できるように作られたものだ。

もともとは多摩川から鳥居に向かって表参道が延びていた。

表参道を多摩川まで歩くと、京浜急行の六郷土手駅がすぐ近くだ。

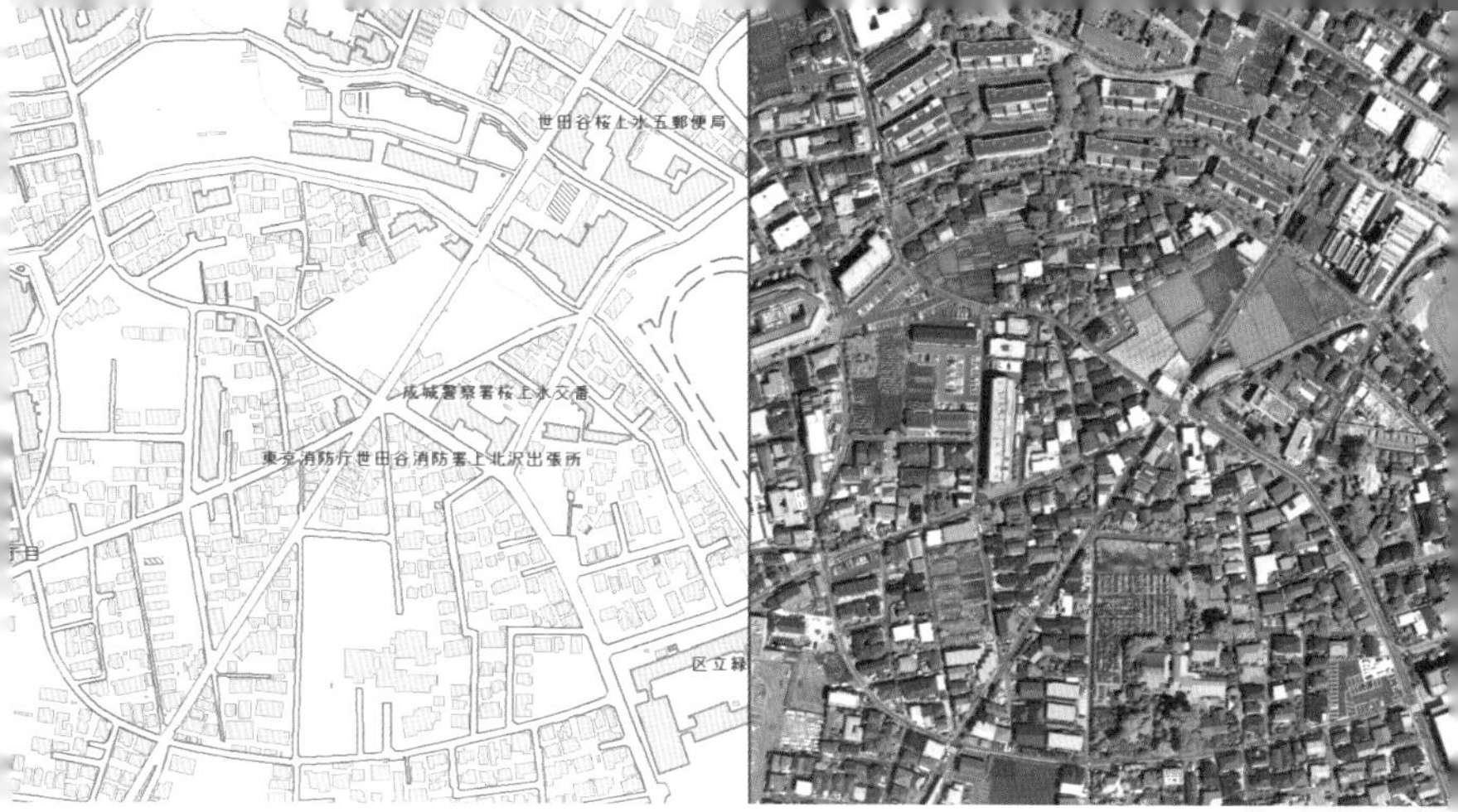

世田谷桜上水五郵便局
成城警察署桜上水交番
東京消防庁世田谷消防署上北沢出張所
区立緑

世田谷区桜上水

水道道路が作った七叉路

世田谷区の七叉路

あまり知られてないが、世田谷区にも比較的きれいな七叉路がある。

最寄り駅は京王線の桜上水(さくらじょうすい)駅。

桜上水駅の東にある踏切（2019年現在高架化工事中なのでいずれなくなるが）から南西方向に一直線の道が走っている【図1】。この道が古くから、おそらくは江戸時代以前からの十字路に重なってできた多叉路だ。

このまっすぐな道は、多摩川沿いにある砧浄水場で多摩川から採取した水を、世田谷区や杉並区方面へ運ぶための水道管が埋められた荒玉水道道路である。荒川の荒と多摩川の玉（昔は玉川とも書かれていた）を合わせた名だが、荒川まではつながってない。水道管は地形やそれまでの道路を無視して直線に敷く

【図1】現代の地図

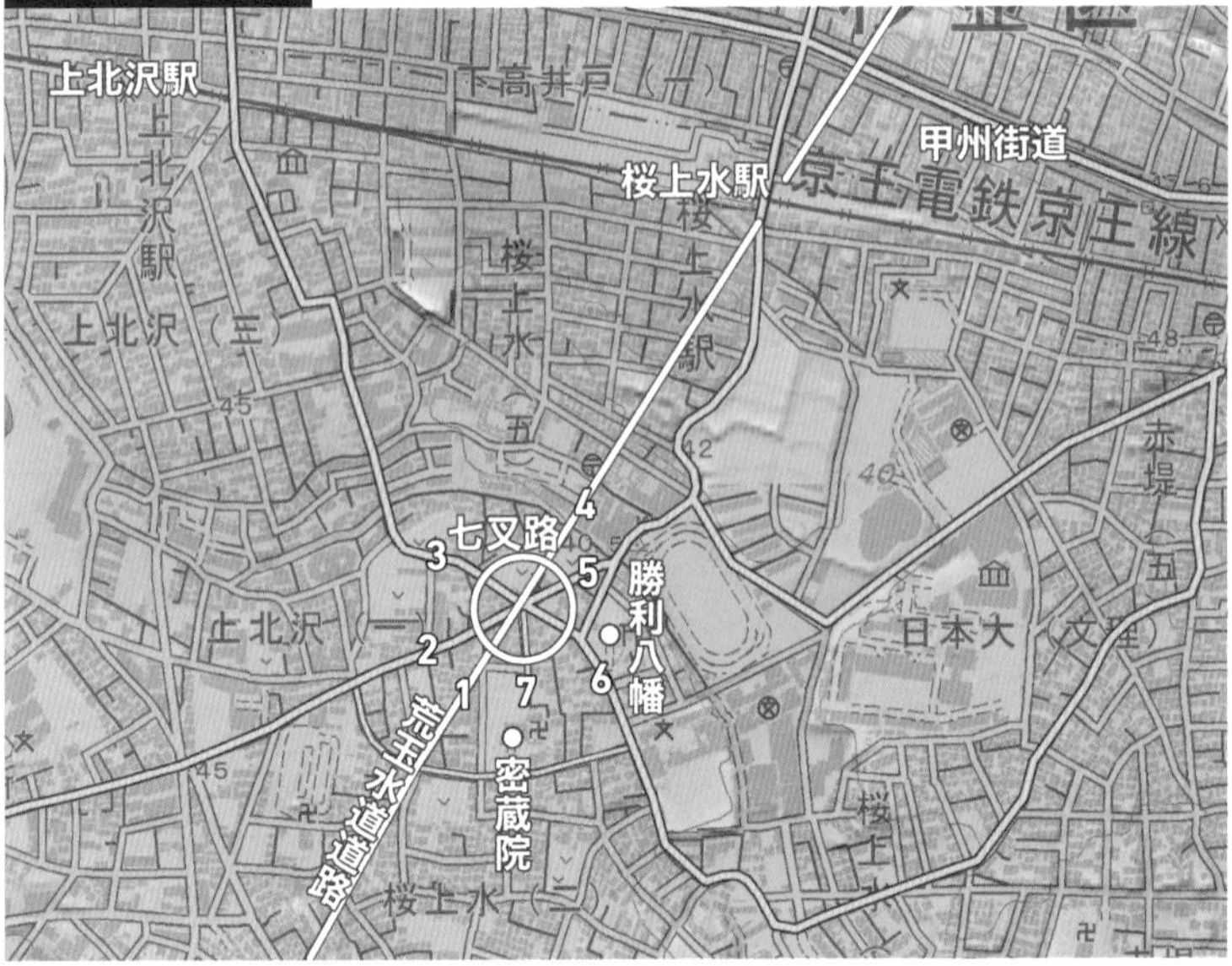
上北沢駅
下高井戸
甲州街道
桜上水駅
京王電鉄京王線
上北沢駅
桜上水駅
上北沢（三）
桜上水
赤堤
七叉路
1
2
3
4
5
6
7
勝利八幡
日本大（文理）
上北沢（一）
荒玉水道道路
密蔵院
桜上水（一）

七叉路周辺。色は高低差。緑のエリアは北沢川が作った低地。

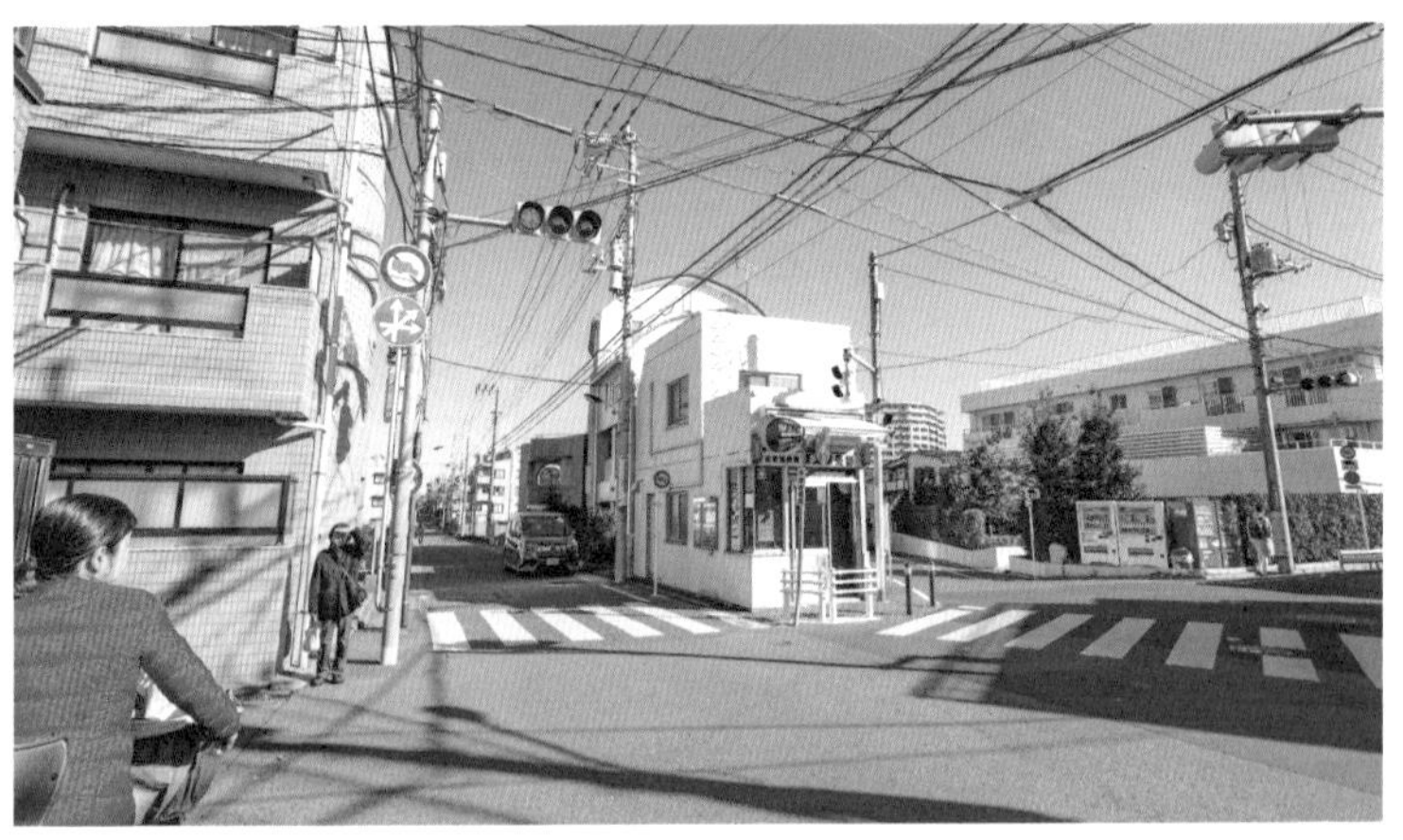

交番のある桜上水の七叉路。六叉路を示す標識がついている。

【写真1】**4**から**1**へ続く道が水道道路。

ので、その上に作られる水道道路は多叉路の原因になりやすいのだ。

起伏にもめげずまっすぐ通されたこの水道道路を、桜上水駅から北沢川（現・北沢川緑道）が作った低地に向かって下っていく。すると、見事な七叉路があるのだ。

交差点の名前は「桜上水交番前」。七叉路ができた際、危険な交差点ということで交番が置かれたのだろう。鋭角の狭い角に置かれた交番だ。

この七辻がある交差点には元々、江戸時代から続く古道が通っていた。パノラマ写真【写真1】で見る**5**番から**2**番へつながる道だ。

5番の道はまっすぐ東に進むと途中で二手に分かれ、片方は桜上水駅前から甲州街道へ、もう片方は下高井戸駅から甲州街道へつながっていた。いずれにせよ甲州街道へとつながる道だ。
甲州街道から来た道は**2**番の方向へ抜けていくわけだが、この道は「**滝坂道**」と呼ばれる古い街道へ合流する。滝坂道は江戸時代に「**甲州裏街道**」とも呼ばれた。渋谷の道玄坂上から今の淡島通りの道筋を西に向かい、目黒区から世田谷区に入り、調布市にある甲州街道の急坂「滝坂」で甲州街道と合流する道だ。それが甲州街道の裏道としても使われていたのである。

6番から**3**番への道も江戸時代からある道。ここでX字に交差していたのだ。**6**番方面には**勝利八幡神社**がある。

勝利八幡神社はかつての上北沢村の鎮守。このあたり一帯は上北沢村だった。

伝承によると、平安時代後期の１０２６年、京都の石清水八幡宮を勧請して創建されたそうな。さすがにそれは遡りすぎという感はあるが、戦国時代、世田谷城主吉良氏の家臣、鈴木氏がこのあたりの地頭だったというので、少なくとも江戸時代以前にあったのは確かだと思う。

勝利八幡神社には江戸時代の旧本殿（小ぶりで可愛い）も保存されており、古さを偲ばせてくれる。

3番の道は上北沢駅前を抜けて甲州街道へとつながっていた。

残る**7**番の道は大正から昭和にかけてできた新しい道。ここの南には**密蔵院**という古刹があり、そこの裏門への道として作られたんじゃないかと思う。今でも密蔵院裏にある駐車場経由で密蔵院に入ることはできるが、参道としては使われていないと思う。

密蔵院の山門は南に面しているので訪問す

勝利八幡神社の拝殿。江戸時代に建てられた旧本殿も堂の中に保存されている。

るならそちらから。

密蔵院は1580年に下野国（今の栃木県）から移住してきた榎本氏が、1598年に創建したという真言宗豊山派の古刹。1598年といえば徳川家康が江戸に入って8年、江

密蔵院門前に置かれている古い庚申塔。右は元禄期のもの。

【図2】明治前期の地図

のちに七叉路となる場所の右手に鳥居が2つ描かれている。
このうち右の神社が勝利八幡神社だ。

戸幕府を開く5年前だ。

山門前には江戸時代の庚申塔がいくつか置かれている。

この七叉路が作られた過程を過去の地図で見てみよう。

明治前期の地図【図2】を見ると、後の七叉路になる交差点の右に鳥居が2つ描かれている。右の鳥居は勝利八幡神社。左の鳥居はおそらく神明社で、今は勝利八幡の境内社となっている。南にあるお寺が密蔵院。密蔵院前を用水路が通っている。

明治末期の地図【図3】はもうちょっと正確で道路もしっかり描かれており、地形もわかりやすい。交差点の北には北沢川が流れており、神社が台地のへりにあることがよくわかる。北沢川流域で農耕を行い、少し高いところに住居や寺社があった。そして古い道が

【図3】明治末期の地図

江戸時代からと思われるX字の交差点（円囲み内）がのちの七叉路。北を流れる北沢川は北沢用水と呼ばれていた。

【図4】昭和戦前期の地図

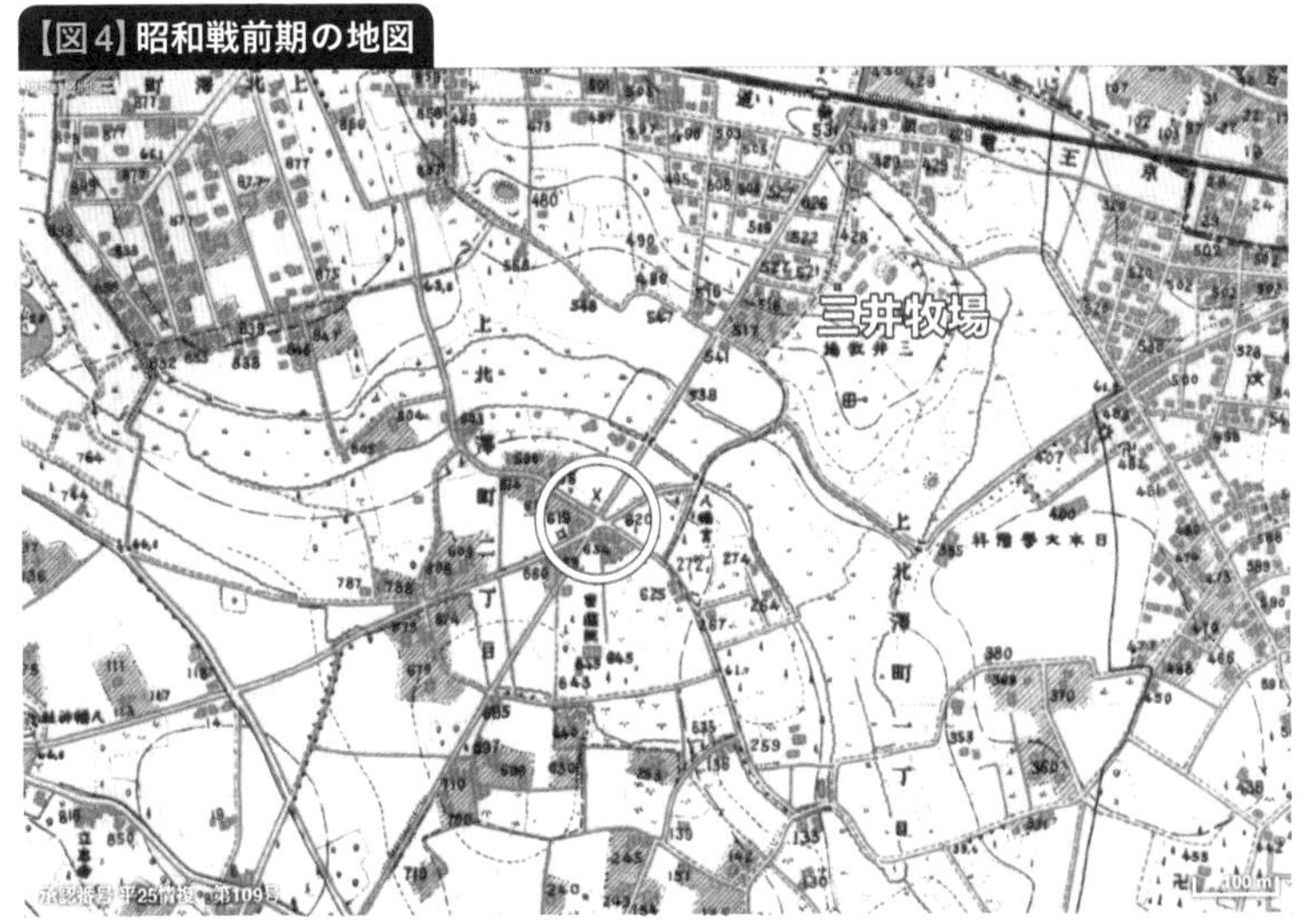

昭和戦前期の、水道道路ができたあとの地図。七叉路はこのとき完成した。今の桜上水団地の場所がかつては牧場だったのが新鮮。

通っていたのである。

　水道道路が完成した昭和戦前期になると、きれいに七叉路ができている【図4】。交番の位置以外はほぼ今と同じだ。北沢川の北側の台地上に**三井牧場**がある。これは三井家専用の牧場で、のちに桜上水団地となった。

　七叉路があるあたりの地名は「桜上水」だが、これは「駅名」から派生した新しい名称。元はこのあたり一帯が上北沢村だった。

　ここの七辻を桜上水駅から訪れるなら、水道道路よりも一本東の、大きくS字に曲がりながら坂を下る古道を歩くのがおすすめ。古い道ならではの味わい深さがある。

第4章 六叉路

多叉路の面白さはその歴史的重層性にあると思う。

鎌倉につながった中世の道、江戸時代の地形を生かした道、近代の区画整理の道、昭和以降の自動車が快適に走れる道、さらに水路跡の暗渠道や水道管の上に敷かれた水道道路、各時代の異なったニーズで作られたそんな道がたまたま一カ所で重なると、味わい深い多叉路ができあがる。

ここからは、そんな味わい深い歴史的経緯を楽しめる交差点を中心にピックアップしてみたい。

交差点に歴史アリ、である。

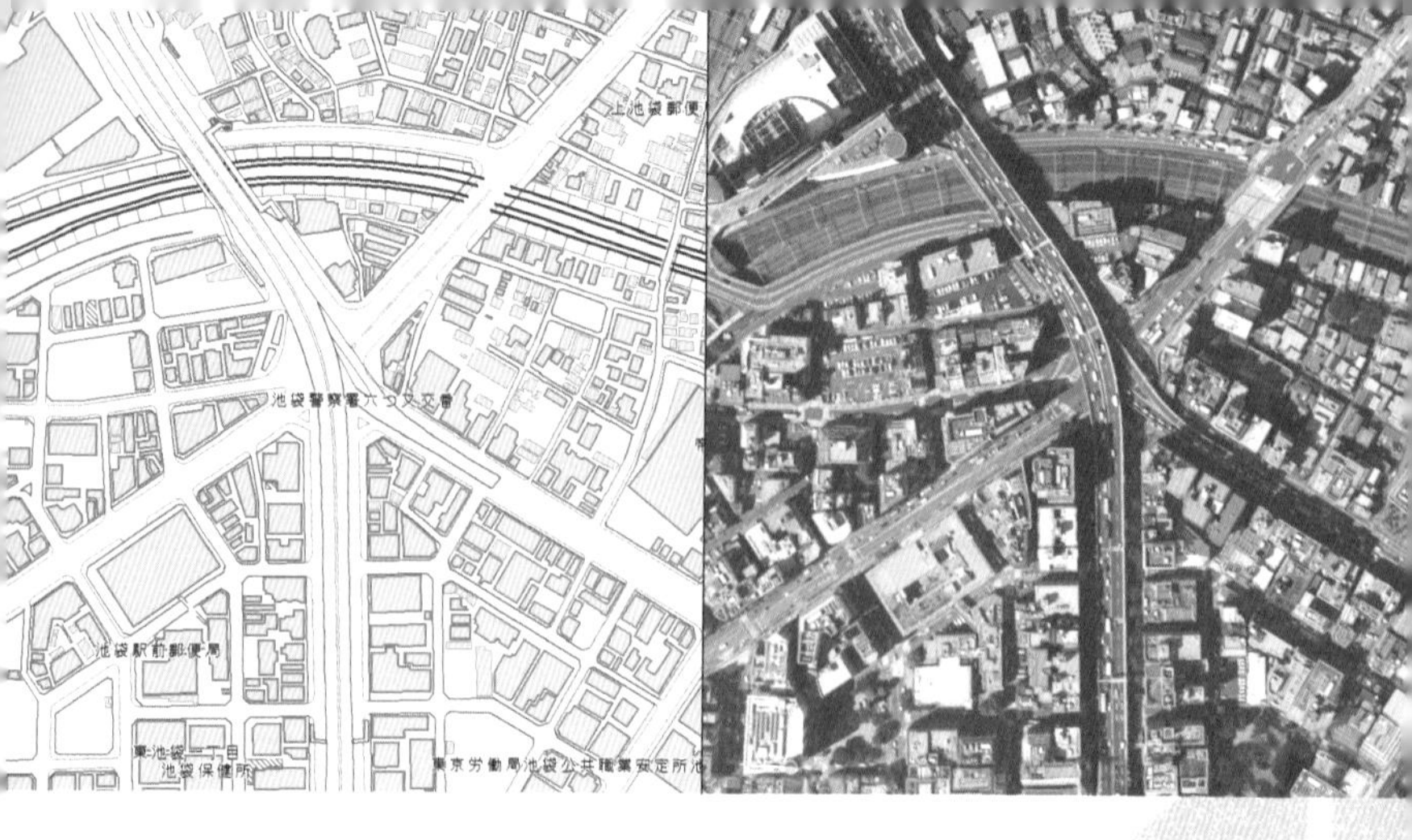

豊島区東池袋

池袋駅と六ツ又交差点

三層の巨大六叉路

六叉路となると数が一気に増えるが、おそらく、都内で一番有名なのが、池袋六ツ又交差点だろう。自分から六ツ又と名乗ってるくらいである。

池袋の繁華街からはちょっと外れているので地元の人しか知らないだろうが、「六ツ又」なんて可愛い名前からは想像もつかない、巨大で複雑な交差点が口をあけて待っているのだ。なにしろ平面的なだけではなく立体的でもあるのである。

場所は池袋駅の北東。東口を出て、明治通りを北へしばらく歩くと、突然現れる。

六叉路の上には3階建ての高架。JRの線路を一般道が高架で越え、その上をさらに首都高が越える巨大構造物だ。その巨大な高架

【図1】現代の地図

池袋駅と六ツ又交差点。

に「**池袋六ツ又陸橋**」と書かれているので、すぐわかる。

ここは**明治通り**、**春日通り**＋**川越街道**（この交差点を境に春日通りが川越街道に変わる）といった幹線道路でできている交差点【図1】なので、それぞれの道幅が広い上に高架もあり、実に圧迫感がある。平面は六叉路、上下に三層というこの六叉路は巨大すぎて、自分がどこからどこへ行こうとしているのか見失うほど。道幅が広いので、よけいどこへ行こうとしてたか忘れそうになる。

まずは縦の構造から。三層ある高架のうち、ひとつは首都高速道路。もうひとつは池袋北の線路を渡るための高架だ。池袋は巨大な駅で平行する線路の数も多いので、高架で一気に越える必要があるのである。

ここ、もともとはシンプルな三叉路だった。

(上) 池袋六ツ又交差点には巨大な高架がかかっている。実にデカい。
(左) 下から見上げると大迫力である。

それもかなり古くからの道だ。

明治時代の地図【図2左】を見ると、伝通院前から延びる今の春日通りに該当する道が南東から北西に向かって延びており、その道は川越街道へと通じている。もう1本は西からくる細い道。こちらは池袋村や長崎村に行くための道だったんじゃないかと思う。「東京時層地図 for iPad」で明治末期と大正時代の地図を並べて見てみ

【図2】明治末期（左）と大正時代の地図

六叉路がまだ三叉路だった頃の東池袋。短期間に発展しているのがわかる。

よう。

　すでに鉄道が走っているので、それを基準にすると今との位置関係がわかりやすい。

　地図の左下にあるのは池袋駅。そこから線路が2本出ている。北へ真っ直ぐ延びる線路に「山手線」と書かれているが、これはのちの赤羽線、今の埼京線。まだ上野駅と東京駅がつながっていない頃、東北本線の支線として東海道本線と東北本線を結ぶために品川から赤羽まで敷かれたもので、山手線と名付けられたのである。初期の山手線だ。その後、池袋から右手に大きくカーブして上野につながる支線ができ、今の山手線となった。そんな時代の地図なのだ。

　そして池袋駅の少し北に東西の道があり、斜めに横切る道とぶつかって三叉路を作っている（○印）。この三叉路がのちに六叉路に

【図3】寛永江戸全図

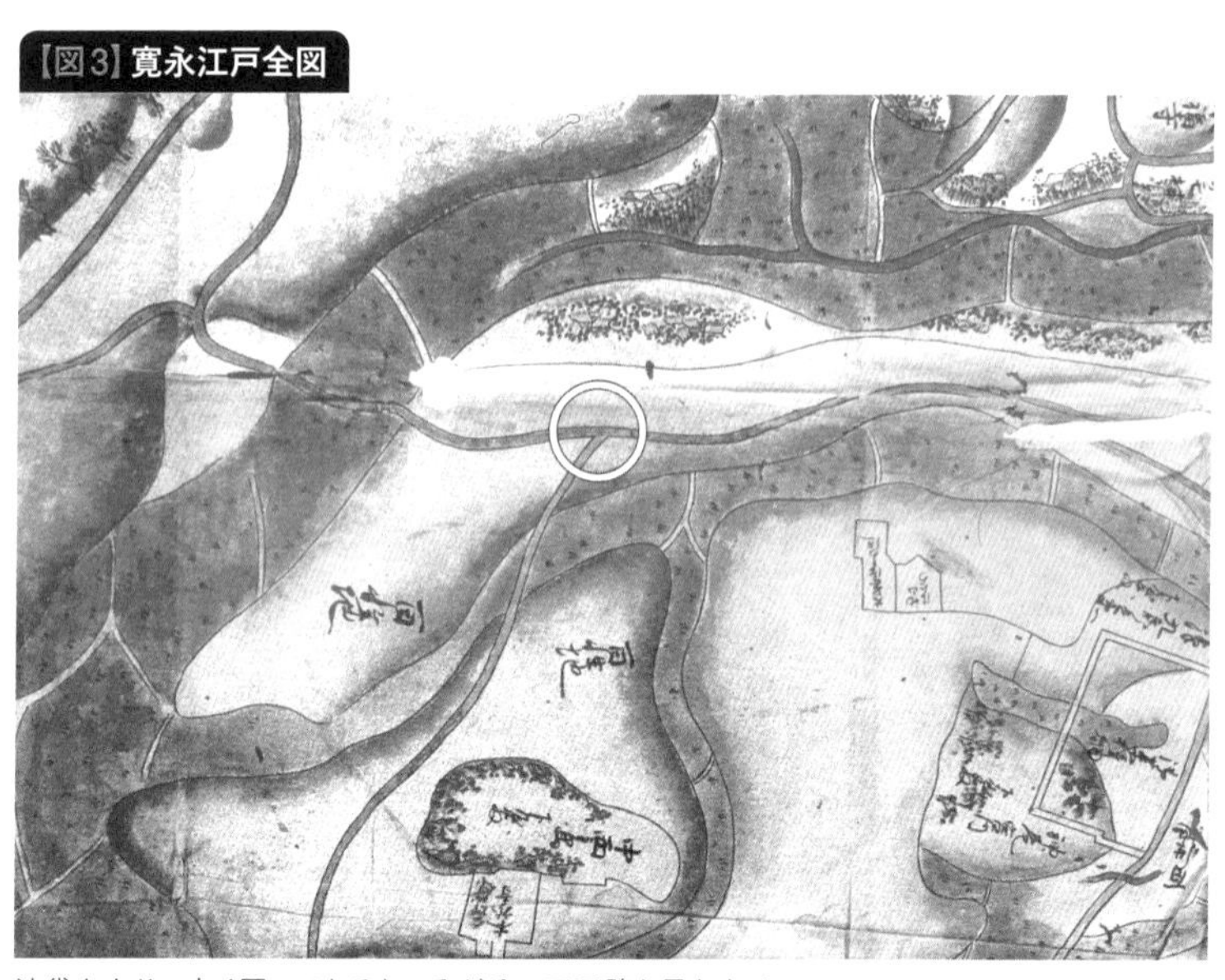

池袋あたり。丸く囲ってあるところがその三叉路と思われる。

なるのだ。

この斜めの道（春日から川越街道に通じる道）は古そうだなと思ったので、江戸時代の地図をあたってみた【図3】。江戸時代前期の、このあたりまで描かれてて現存する一番古い絵図じゃないかと思われる「寛永江戸全図」をよく見ると、この三叉路らしき道が描かれているではないか。

「寛永江戸全図」では、伝通院前から川越街道にスムーズに道がつながっているので、これが**江戸時代以前の川越街道**ではないかと思う（江戸時代の川越街道は中山道から分岐していた）。そして今も川越街道なのだ。ちなみに川越街道は江戸と川越を結ぶ街道で、川越には古くから城があり中世には合戦も行われた要衝だった場所だ。今は小江戸川越として江戸時代の町並みや建物が残る歴史観光地と

ビルの一角、少し高い位置に庚申塔が鎮座している。

なっている。

江戸時代の三叉路の残る1本は池袋の集落と街道を結ぶ道だったのではないかと思う。とすると、その三叉路には集落への入口を示す、あるいは道標的な地蔵や庚申塔などの野仏が置かれていたはずだ。

探してみるとありました。

六叉路の中で取り残された感のある西に向かう細い道（これが江戸時代からの道）沿いのビル壁に埋め込まれていた庚申塔。

壁に収められているので、側面か台座にあるとおぼしき建立年は確認できないが、見た感じそれほど古いものには思えない。明治以降のものか、あるいは古い庚申塔を復元したものかもしれない。

いずれにせよ、歴史ある三叉路だったことに間違いはあるまい。

江戸時代の三叉路はその後明治通りが新しく作られて五叉路になり、戦後になって南から新しい道がつながってきれいな六叉路に進化したのである【図4】。

【図4】昭和32年の地図

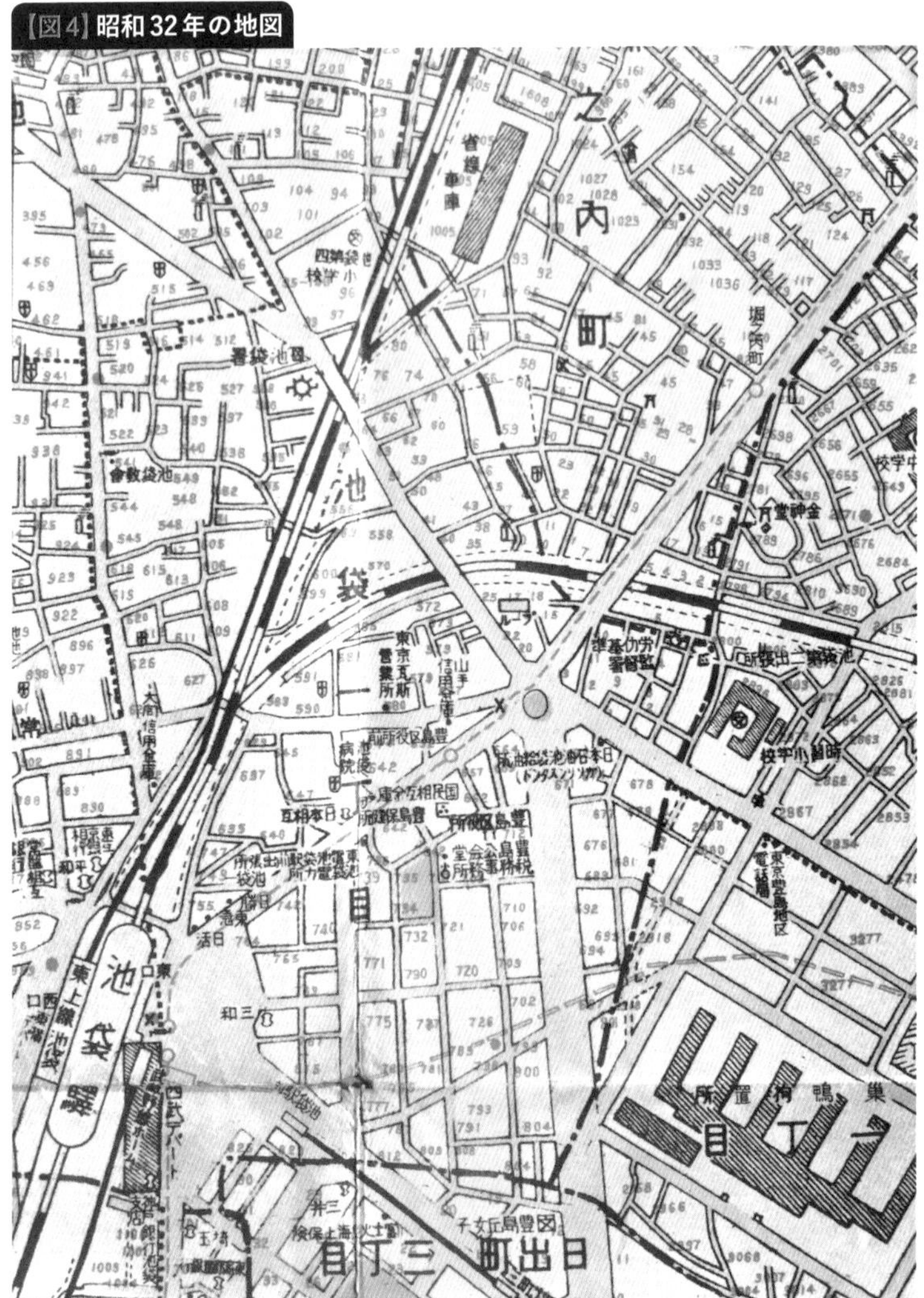

豊島区詳細図（日地出版。昭和32年）を見ると見事に六叉路が作られたのがわかる。右下に見える巣鴨拘置所が今のサンシャインシティだ。

そして1969（昭和44）年、池袋から川越街道方面へ首都高速池袋線が作られ、巣鴨拘置所が移転した跡地が再開発され、1978（昭和53）年に60階建てのサンシャイン60（当時、日本で一番高いビルだった）が竣工。サンシャインシティとして池袋の新しいランドマークになったのであった。

かくして、高架で線路を越える川越街道と、さらにその上を行く首都高速という三層構造ができあがり、立体構造を持つ巨大な六つ又が誕生したのである。

池袋を鎌倉街道が通っていた？

さて、このあたりの街道の歴史をもうちょっと遡ってみよう。

明治末期の地図【図2左】を見ると、のちに六叉路になる三叉路の少し東に南北の道がある。巣鴨刑務所の脇から北へ延びている道だ。

この道と春日通りの十字路に「記念碑」の地図記号が描かれているのである（□印）。

これは気になるよね。

現地は現在、帝京平成大学の真正面。歩道沿いの、祠（ほこら）が置かれるにはいささか不自然な場所に、ぽつんと「**子育地蔵尊**」が祀られている。

実は以前はもっと端っこにあって年季の入った木の祠に護（まも）られていたのだけど、いつの間にかリニューアルして目立つところにやってきたらしい。

コンクリートの祠の中に真新しい地蔵尊が祀られているが、その奥をよく見ると、影のように古くて黒っぽい地蔵が隠れている。きっとこれが元々の地蔵尊で、状態が悪くなったので再建されたのだろう。古い地蔵が背後

子育て地蔵尊。後ろに見えるビルが帝京平成大学。

祠の中を見ると、右が祀られている地蔵尊。後ろに古い地蔵が影のように建っている。おそらくこちらが元々の地蔵尊だろう

霊のようで、ちょっとぞくぞくする。

この子育て地蔵は「六ツ又子育て地蔵尊」と呼ばれており、かつては旧鎌倉街道沿いに置かれていたという。前述した通り、三叉路が六叉路になったのは戦後のことなので、現在の名がついたのもおそらくは昭和のこと。六つ又の元になった三叉路が旧鎌倉街道だったという話は聞いたことない。鎌倉は東京から見て南にあるので、このあたりの鎌倉街道は南北の道のはずだ。

じゃあどれが旧鎌倉街道なのか。

仮に明治期の地図に描かれた記念碑の地図記号がこの地蔵尊を表しているとすると、大学の西を通る南北の道が旧鎌倉街道ということになる。この道をずっと北に行き明治通りに合流すると、昔「鎌倉橋」という橋がかかっていたという交差点に行きつくし、さらに北上すると、源頼朝が陣を張ったという北区滝野川の金剛寺、十条の自衛隊駐屯地で発掘された中世の街道跡など、古街道の痕跡が見え隠れする。そしてその先は、岩淵で荒川を渡って北へ向かったのだ。

南へ行くと今の豊島区役所前の通りが旧鎌倉街道だったといわれており、雑司ヶ谷を抜けると、旧鎌倉街道の宿があったという宿坂がある。

つまり、そこには中世に遡る街道が通っていたのだ。

そしてこの地蔵尊があった辻は、かつては川越街道と旧鎌倉街道の交差点だったのだろう。たぶんそうだ。そういうことにしたい。池袋の六ツ又交差点は旧鎌倉街道の少し西に作られたのである。

世田谷区喜多見

新道旧道水道道路の六叉路

S字カーブと直線道路の六叉路

明治後期から昭和にかけて、急激な人口増に対応すべく、東京に数多くの上水道が敷かれた。浄水場から各地へ配水するためなのだが、その幹線はまっすぐに延びる太い管であり、それを地中に埋めた。のちに、その上を道路としたため、各地に水道道路（水道みち）ができたのである。不自然にまっすぐな道なので地図を見るとなんとなくわかる。たとえば、東京では井の頭通りがそう。あれは武蔵野市にある境浄水場と世田谷区にある和田堀給水所を結ぶ水道管の上を道路にしたものだ。

そのひとつに「**荒玉水道道路**」（P51参照）がある。荒川と多摩川で「荒玉」。世田谷区喜多見の多摩川沿いにある砧浄水場で多摩川から取水し、濾過した水を供給するための水

【図1】現代の地図

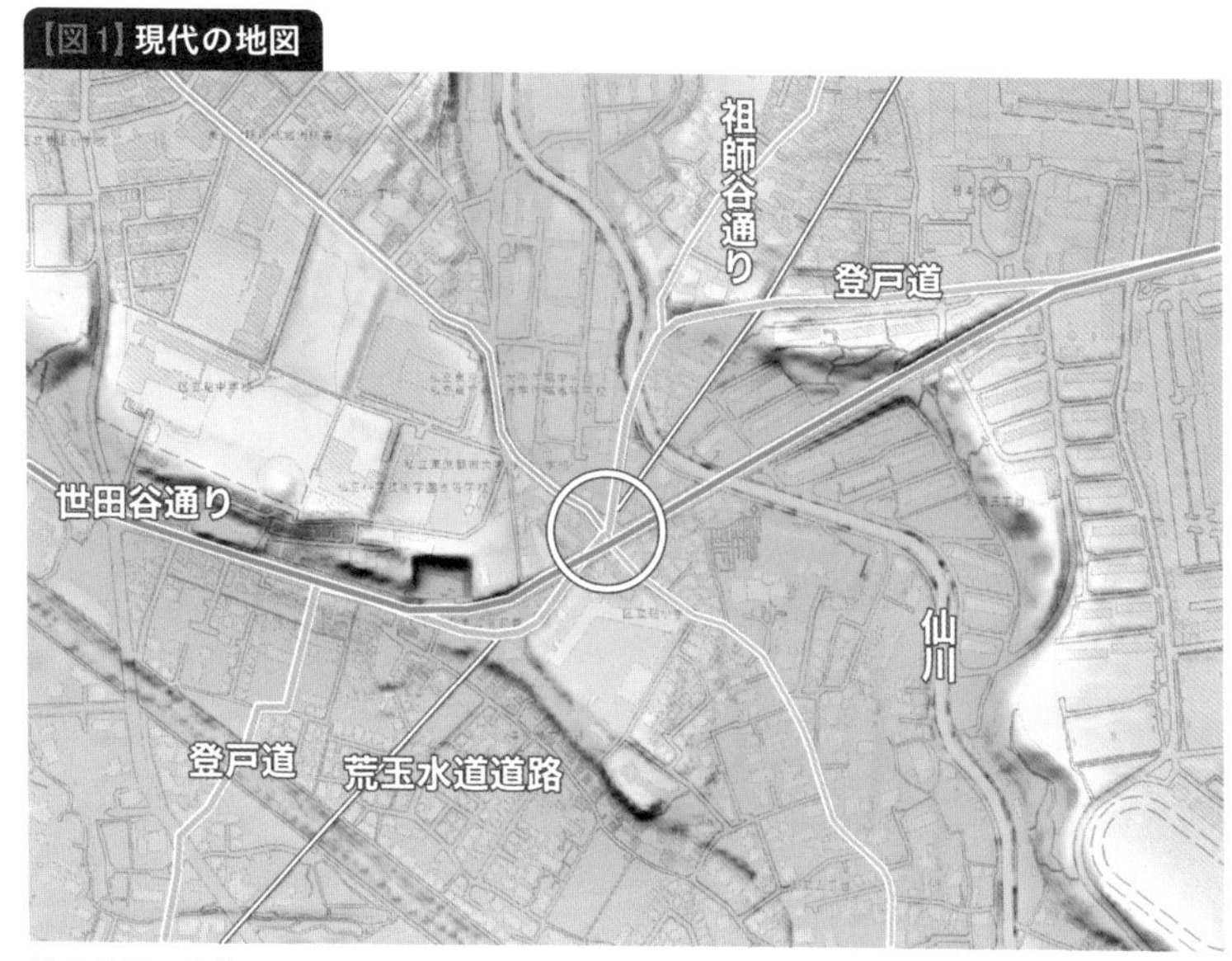

世田谷区の大蔵団地近くにある六叉路＋1

道管の上に敷設された道路。実際には荒川までは到達しておらず、終点は板橋区の大谷口（おおやぐち）配水塔となっている。今でも水道管保護のため、場所によっては通過できる車の重量制限があるほどだ。

そしてこれらの水道管は、既存の道路を無視して、可能な限り「まっすぐ」敷かれるため、第2章の葛飾の八叉路で書いたように「なぜここで交差する？」という予想外の場所で鋭角の十字路を作ることがあるのだ。その予想外の多叉路でとても面白い場所が、世田谷区にあるのである。

地図【図1】を見ると、七叉路といっていいんじゃないかという気はするのだが、実際に現地へ行くと「六叉路＋1」という感じで、信号的にも7つめは別扱いになっているので、六叉路の章に入れさせてもらった。

【写真1】世田谷通り、砧小学校交差点の六叉路。

その場所は「砧小学校」の交差点だ。

例によって歴史を追ってみよう。

まず基本となるのは、世田谷通りの旧道（【写真1】**2**から**6**へ）。江戸時代、世田谷では「**登戸道**（のぼりとみち）」と呼ばれていた。

この道、渋谷から三軒茶屋、世田谷を経由して多摩川を渡って登戸へ向かうのだが、多摩川の直前、武蔵野台地から多摩川低地へ高低差のある斜面を越えなければならない。

そこで旧道は大きく蛇行して坂を上り下りしていた。斜めに降りた方が傾斜が緩くなって通行しやすいからね。

ここがややこしいのは、仙川が作った谷に一度降り、そこからさらに多摩川が作った崖（国分寺崖線（がいせん））を降りるという2段構えになっていること。ひとつめの坂を大きくカーブしながら下り、2つめは逆方向に膨らむので大

【図2】江戸後期（1805年）の地図

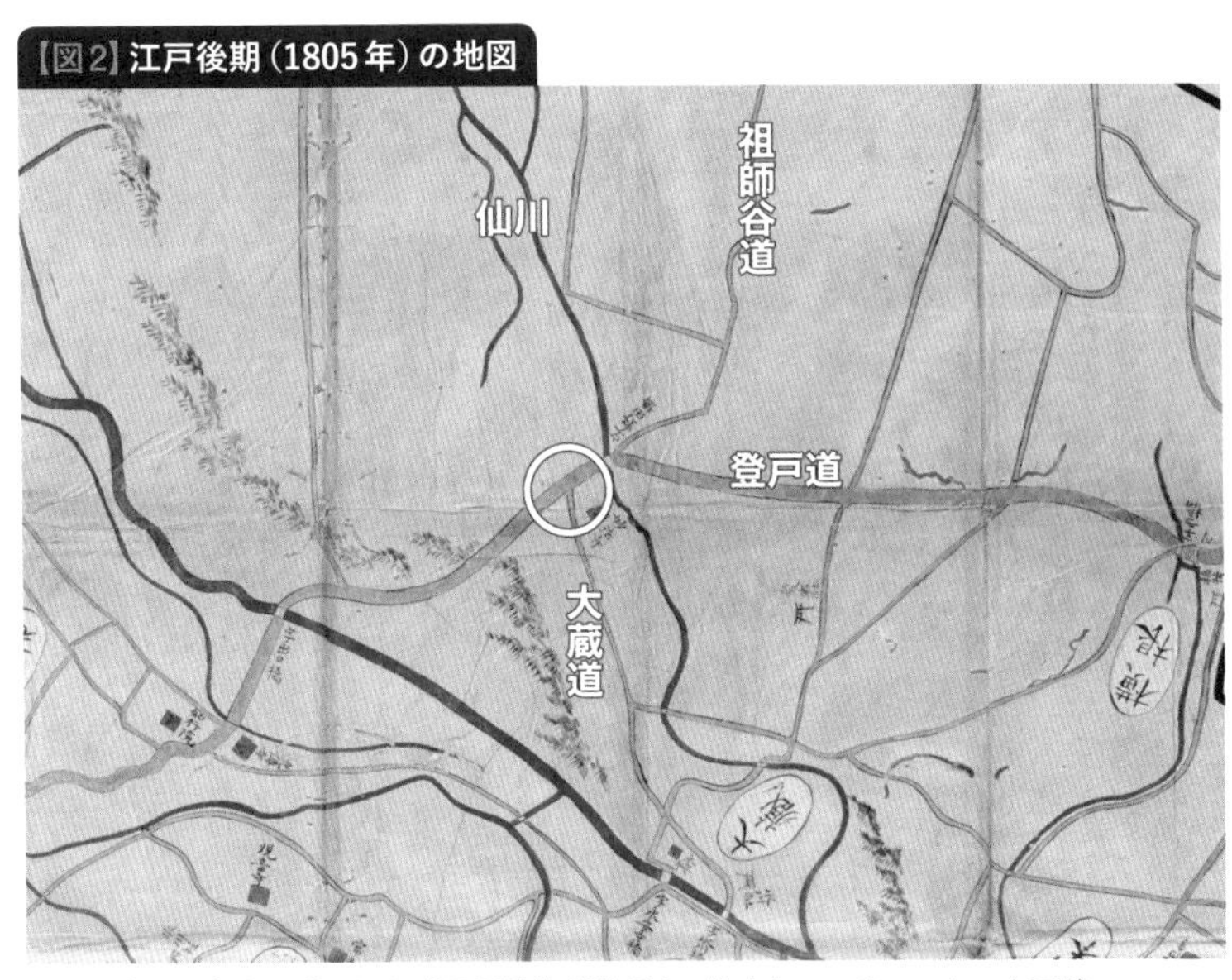

1805（文化2）年に作られた「目黒筋御場絵図」に描かれている、のちの六叉路。

きなS字になっているのだ。

そして仙川を越えたところに小さな交差点があった。

南西へ向かう道は（【同】5）、途中から狭い尾根になり、鎌倉時代創建という**大蔵氷川神社**の前に出て低地へ至る。大蔵村や宇奈根村への道だ。江戸時代よりずっと前からある道じゃないかと思う。ここでは仮に大蔵道と呼ぶことにする。

北西へ向かう道（【同】1）は、成城学園前へ……といっても成城学園なんてできたのは昭和の話で、元々あのあたりは喜多見の一部で里山のようなものだったので、明治前期の地図にはすでに道は描かれているものの、細いけもの道みたいなものだったろう。

江戸時代の地図【図2】を見ると、登戸道とそこから南へ延びる大蔵道がしっかり描か

【図3】大正時代と昭和初期の地図

荒玉水道道路ができる前（左）と後（右）の地図。

れている。事実上三叉路だったのだ。

そこに現れたのが水道道路だ（【同】**3**から**6**）。荒玉水道が敷かれ、1934（昭和9）年、その上に荒玉水道道路が作られた。まずそれがこの大きなS字カーブのど真ん中、ちょうど大蔵道との交差点にかぶったのである。今でも地下に水道管が通っている。

できたのが五叉路。六叉路にならなかったのは水道道路が大きなS字の南側のカーブと一部重なったからである【図3右】。

高度成長期になると、世田谷通りの旧道は大きくカーブしていて傾斜もきつく、道幅も狭いため、モータリゼーションの時代（懐かしい言葉だ）には不便である、ということで、新たに片側2車線の新しいまっすぐな道路が作られた。今の世田谷通り（【同】**4**から**6**）だ。急な斜面は切り通されて緩やかな坂道に

交差点の南、今の世田谷通りから旧道兼水道道路が分かれるところ。左手の玉垣の崖の上に砧小学校がある。

なり、その両側に大蔵団地が建てられた。

それが五叉路の真ん中（正確にいえば少し南）を貫いたので、めでたくややこしい六叉路が完成したのである。

これを七叉路の項に入れなかったのは、旧道のS字カーブの下の膨らみが交差点から少し外れているから。取り残された三日月型旧道って感じの残り方になっている（【図4】）。

旧道（古道）と水道道路と新道とが三層に重なった六叉路。よりによってよくもまあここに重なったものだ、というくらいややこしい交差点だが、「時層」という観点で見ると実に味わい深く思う。

この六叉路はどこの駅からも遠いのが難点だけど、実に歴史散策のしがいがあるエリアなのでちょっと紹介したい。

【図4】現代の詳細地図

それぞれの道に歴史あり

話をわかりやすくするために、この六叉路を中心にA〜Dの4つのエリアに分けてみた【図4】。

まずは北東の「A」エリア。

登戸道の坂は昔、畳屋があったことから「畳屋坂」と呼ばれている。

畳屋坂の南には大蔵団地。大蔵団地は東京都住宅公社が作った巨大団地で世田谷通りの両側、台地の上と下に展開している。老朽化により現在建て替え中なので、本書が刊行されたときどんな状況になっているかはわからないが、建て替えられても団地は団地のまま残るだろう。

このAエリアのカーブした旧道と直線の世田谷通りに挟まれた団地の中に、四角く盛り

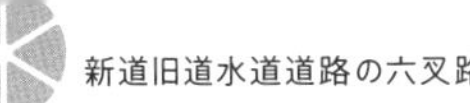

上がった土地が不自然に残されている。

そこに上ると、「**石井神社旧地**」とある。かつてここに石井神社があり、川沿いの低地の集落を見守っていたのである。「**石井戸塚**」とも呼ばれており、古墳という説も中世の塚という説もある。

塚から南を見ると、仙川が作った低地が広がっている（地図の**B**エリア）。この一帯は中世に「石井氏」が土着し「石井戸」あるいは「石井土」と呼ばれるようになった土地だ。江戸時代の大蔵村の名主も石井氏で、今でも「石井」の表札をかかげた家（おそらくその一族）が数多い。

かつてここに石井神社があり、石井戸塚と呼ばれていた。団地の中に石碑がある。

旧道は石井戸塚の少し西あたりで水道道路と斜めに交差する。水道道路は斜面をまっすぐに下りていくので上から自転車で下ると気持ちいいが、調子にのって交差点につっこまないように。

その西、少し旧道を下ったところで、北から道が1本合流する。

祖師谷大蔵駅前を南北につらぬく「**祖師谷通り**」。中世の鎌倉街道だったという人もいるくらい古い道だ。祖師谷通りと登戸道が合流する坂は「赤土坂」。切り通した断面が赤土（関東ローム層）だったせいかと思う。

三叉路の左手が赤土坂で、祖師谷通り。右手が登戸道（世田谷通り旧道）

Y字路近くにあった庚申塔。2012年に撮影した時点ですでにぼろぼろで文字も読みづらかったが、現在はここにはない。

祖師谷通りと登戸道が合流するY字路にはかつて庚申塔があったのだが、数年前に訪れたら周りの家が全部建て替えられ、庚申塔も失われていた。残念である。どこかへ移設されたことを願う。藪の中に立派な屋敷稲荷もあったが、そこもマンションになってしまった。

この登戸道（世田谷通り旧道）は、仙川を石井戸橋で渡り、六叉路の交差点に至る。

次は南東の「**B**」エリア。現世田谷通りと大蔵道にはさまれたエリアだ。

高度成長期に世田谷通りが台地の斜面を切り通して作られ、その両側に大蔵団地ができた。道の両側には桜の木が植えられ、大蔵団地の桜として名所となっている。

台地を切り通したこともあり、坂の上には大蔵団地の北側と南側を行き来する陸橋が作られており、そこからの眺めもなかなかよい【写真2】。

台地から仙川が作った低地への崖は自然が

【写真2】切り通して作られた坂道を見下ろす。両側の桜は春には見事に咲くそうな。

【写真3】湧水が作る小さな流れの脇に鳥居が。ここをくぐると小さな祠がある。鳥居の立つ角度が不思議だ。

おおくら大佛。後ろに見えるのが大蔵団地だ。

概ね残っており、今でも湧水があり、崖下を小さな流れがちょろちょろと続いている。

その流れを追うと、大蔵運動公園の崖下に小さな神社【写真3】が残されていて、趣深い。開発が困難な急斜面だから残った歴史遺産だ。

仙川の西側は古くからの住宅地でかつての石井戸集落。

回る大仏やゴジラにも会える

世田谷通りの近くには「**おおくら大佛妙法寺**」がある。江戸時代前期の創建だ。

この大仏は台座が回転式になっており、9時から17時までは南を向き、17時から翌9時までは世田谷通りを向いて交通安全を祈念していることで有名。大仏の足元に何らかのセンサーがあり、目の前で参拝するとこちらをゆっくりと向いてくれるのがたまらない。

東宝スタジオのメインゲートでは「七人の侍」の壁画とゴジラ像が出迎えてくれる。

この界隈には大蔵道沿いを中心に地蔵や庚申塔といった江戸時代の野仏も多く残っており、仙川沿いの低地で農耕を行っていた古い集落があったことを偲(しの)ばせてくれる。「**C**」エリアは水道道路と三日月状に取り残された登戸道から。

水道道路は三日月状の旧道から途中で分かれ、台地上から低地へまっすぐに浄水場に向かって延びている。六叉路からだとほどよい下り坂だ。

旧登戸道は再び世田谷通りに合流。この先の坂を下ったところで左へ曲がり、喜多見方面へ向かった。まっすぐ進むのは新しい道だ。残る「**D**」エリアだが、その中心はなんといっても**東宝撮影所**。

成城六間通りの坂道を少し上ると右手に大きな東宝スタジオが現れる。中には入れないが、ゲート前では「七人の侍」が描かれた壁画や、ゴジラ像が出迎えてくれる。もちろん中には入れないが、ゴジラ像と握手しに来るのか、休日にはちらほらと観光客っぽい人と出会う。東宝映画好きにはたまらない場所なのだ。

東宝スタジオ裏を流れる仙川は、桜並木で有名。

毎年桜の季節になると、東宝スタジオ裏から上流に向かって夜桜のライトアップが行われる。プロの映像制作者集団である東宝撮影所が照らしてくれるのだから、照明機材も本格的で実に素晴らしい。プロが本気でライトアップした夜桜は必見である。

旧道新道水道道路が複雑に絡み合ったこのエリアを楽しむなら、小田急線祖師谷大蔵駅か成城学園前駅からちょっと歩くといい。

仙川の桜のライトアップ。短期間ながらプロの本気のライティングは見事。

世田谷区喜多見

クランク古道と水道道路

喜多見は古い道の宝庫

前項の六叉路からすぐ近くに実はもうひとつ、いや2つ水道道路が六叉路を作ってくれたのである。ついでにそちらも紹介したい。六叉路からの**登戸道**（のぼりとみち）の続きである。

六叉路を抜けた登戸道は現世田谷通りから途中で左に曲がり、南下して喜多見（きたみ）に至り、その後登戸・宿河原（しゅくがわら）の渡しで多摩川を渡り、西の方へ続いていた。

江戸時代は「津久井往還（おうかん）」とも呼ばれており、今でも多摩川を渡ると「津久井道」と名が変わる。もっとも、津久井道沿いに住んでいる方に聞くと「みんな世田谷通り、あるいはセタドウと呼んでるよ」とのことだ。津久井は神奈川県北西部の地名。津久井湖や津久井城址がある。

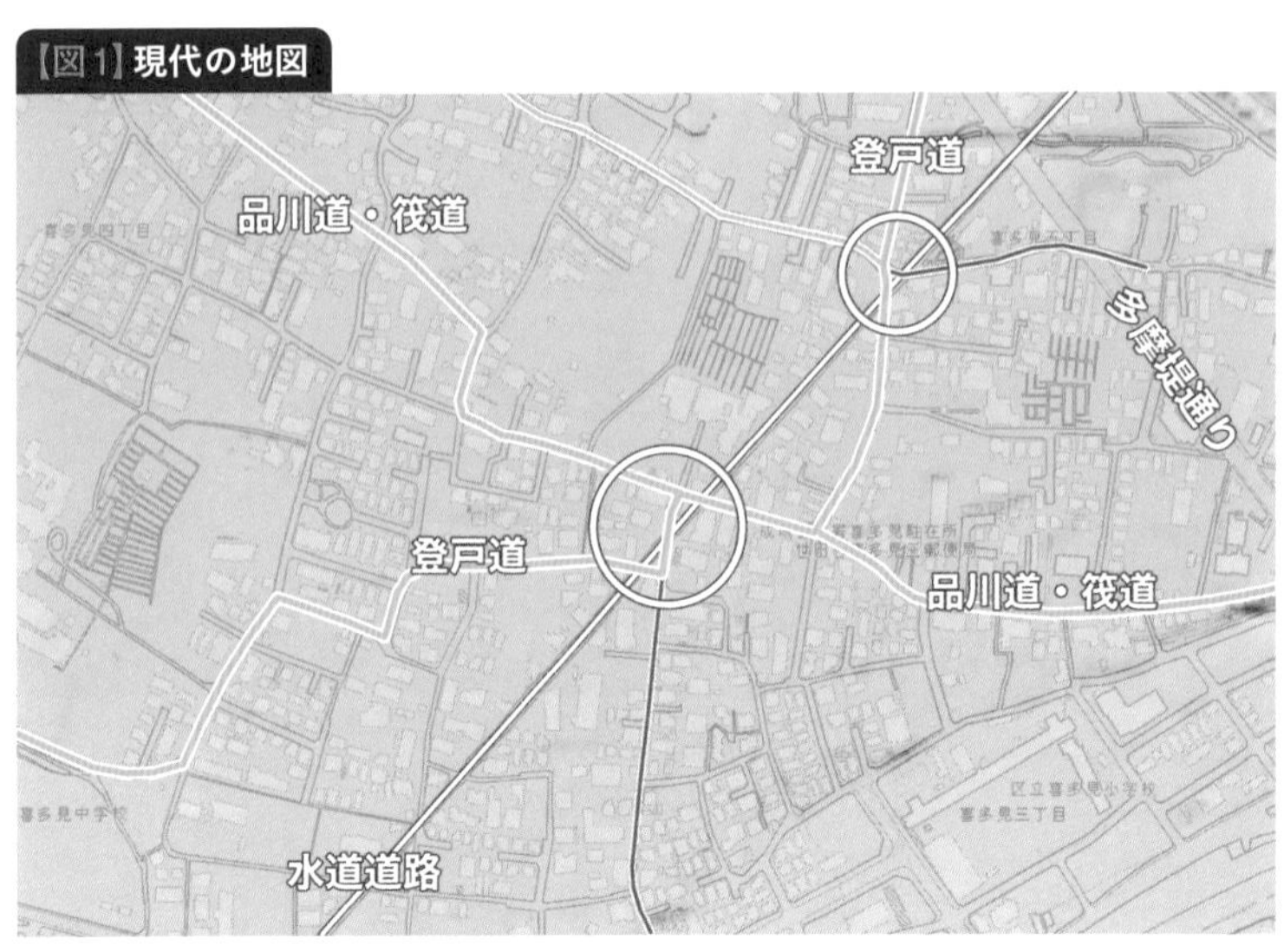

古道と水道道路が絡み合って複雑な多叉路ができている。クランク状の古道に注目したい。

登戸道は喜多見の集落の真ん中を貫いている。

小田急線に喜多見駅があるが、それは喜多見村の北の端、喜多見の中心部は登戸道の先、ちょっと多摩川の近くにある。

喜多見は世田谷区で一番古くから発達した集落ではないかと思える。古墳も多く残っているし（喜多見古墳群）、奈良時代の遺構も見つかっているからだ。

どの鉄道駅からも遠かったおかげか、古墳や昔の道筋や寺社もほどよく残っており、散策におすすめである。

喜多見エリアの面白さは、複雑にクランクした登戸道が今でも残っていること【図1】。

喜多見は室町時代には江戸氏（喜多見氏）の本拠地、江戸時代初期には喜多見氏の陣屋があったことから、防衛のためわざと道をク

【図2】1805年の絵図

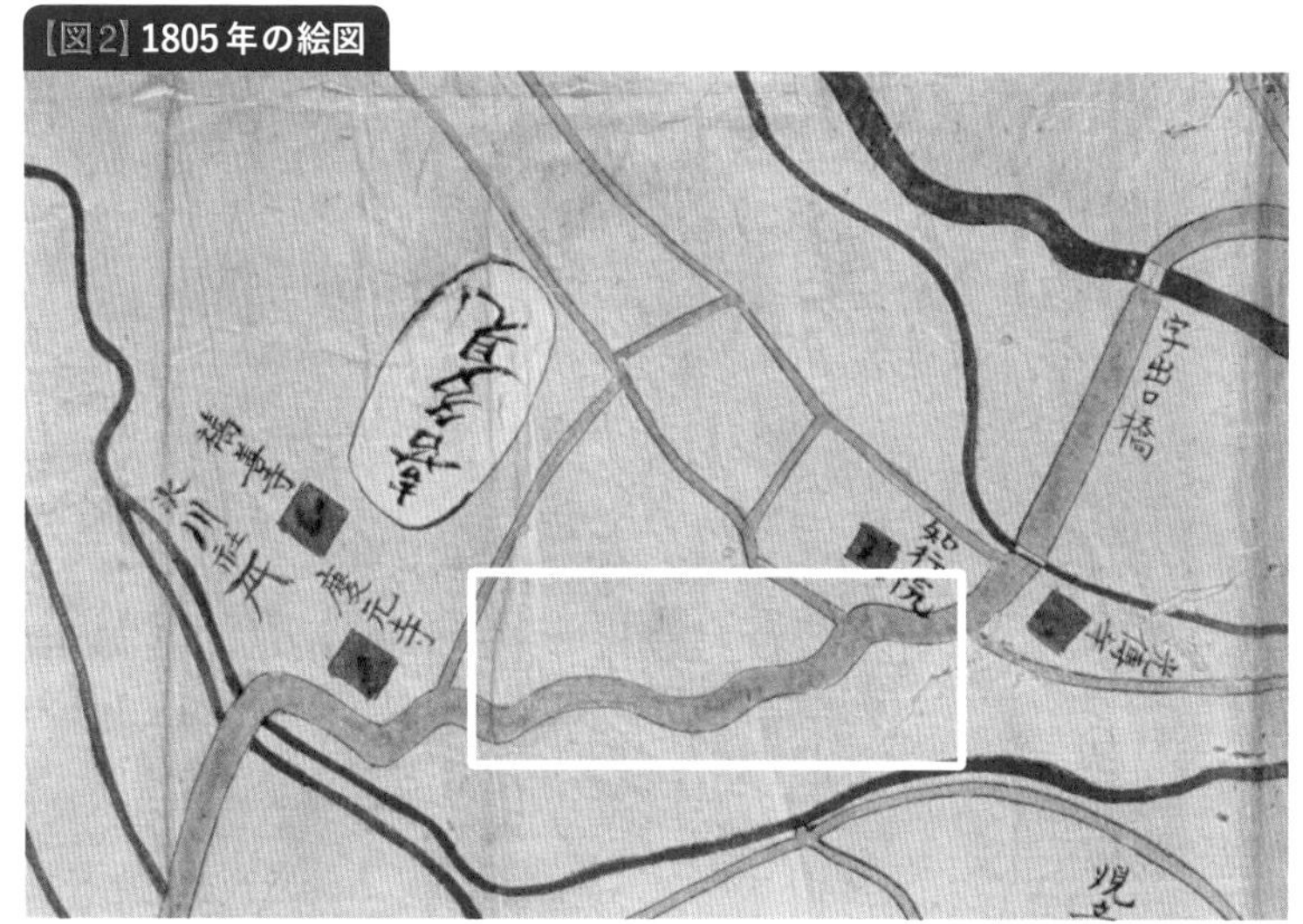

江戸時代の地図「目黒筋御場絵図」でも道がくねくねしているように描かれているのが印象深い。

ランク状にすることで通過しづらくしたといわれている。

江戸時代の地図【図2】を見ても、喜多見のあたりはわざとくねくねした道に描かれているほどだ。明治前期の地図【図3】でも、確かに道路が何度も直角に曲がっており、急いで通過したい人には不評だったろうと思われる。

その複雑なクランクであるが、その南に多摩川の水を水道水にするための砧浄水場が作られたからたまらない。浄水場からの水道管（そしてその上の荒玉水道道路）がクランク道の真ん中を貫いてしまったのである。

そのおかげで2箇所、実に面白い多叉路ができたのだ。

ひとつは地図【図4】の「**A**」。

もうひとつは同じ地図の「**B**」だ。

【図3】明治前期の地図

道が複雑にクランクしているのがわかる。丸く囲ってあるところを水道道路が貫いた。

【図4】現代の詳細地図

オレンジ色の線が古道。取り残された三角の土地が気になる。

そのクランクと水道道路が作った、ユニークな多叉路の話を続けよう。

まずは「**A**」。南北に貫く登戸道に喜多見中通りと呼ばれる古い道が交わる辻を、水道道路が斜めに貫いたのである。

ここは道路の片隅に小さな庚申塔が残っていて、江戸時代からの古い道だなということがわかる。明治の地図【図3】を見ると中通り沿いに家が多く描かれており、集落の中心だったことがわかる。多摩川に近い微高地で住みやすかったのだろう。

その喜多見には、世田谷と登戸を結んでいた登戸道に加え、もう

道路脇に小さな庚申塔が隠れている。

図4のA、信号もない六叉路。生活道路が複雑に絡んでいる。左手前から右奥に延びるのが水道道路。

1本、古道が通っていた。

府中と品川や六郷を結んでいた**品川道・筏道**である。品川道は府中つまり武蔵国国府と品川湊を結んでいた古代からの道で、府中から狛江の間にその伝承が残っている。

世田谷区ではその道を筏道と呼んでいる。江戸時代、多摩川上流で切り出した材木で筏を組んで、六郷あたりで水揚げした帰りに歩いた道だからだ。

南北に通る登戸道と東西に通る品川道が交わるのが**知行院**というお寺の前。喜多見氏が陣屋の鬼門除けとして戦国時代（天正年間）に草創したと伝わる古刹である。

その知行院の真ん前を水道道路が斜めに抜けちゃったのである（「**B**」）。

おかげで、使いどころに困りそうな小さな三角形の土地が2つできてしまった。そんな

知行院前から撮影。手前を左右に横切るのが品川道。正面の小屋がコインランドリーで、左手のまっすぐ奥に延びる道が水道道路だ。

南側の三角地を北向きに撮影。登戸道に立って撮っている。2台だけのコインパーキングと自動販売機でいっぱいになる小さな土地だ。

小さくて使いづらい土地でもなんとか使うのが知恵というもので、知行院前の三角の土地はコインランドリー、その南のもっと小さな三角の土地は2台だけのコインパーキングとして使われている。

ここで昔の道筋を律儀に辿ろうとすると何度も水道道路を渡ることになるのが面白い。ただ、水道道路を渡るとき、そこを走り抜ける車に注意してください。

世田谷にいた江戸氏！

クランクに従って登戸道を南へ歩くと、古墳群を楽しめる。古い道筋に沿うように、**天神塚古墳**、**第六天塚古墳**、**喜多見稲荷塚古墳**と集まっているからだ。まるで昔の街道が古墳を避けるためにクランクしたんじゃないかと思うくらいである。でも古墳の塚は目印に

喜多見稲荷塚古墳。古墳時代後期の円墳で、刀などが出土している。

もなるし見張りを置くにもよさそうなので、それを意識して道を敷いたとしても不思議はない。

稲荷塚の名は墳頂に稲荷が祀られていたから、第六天塚の名は墳頂に第六天が祀られていたから付けられたようだ。天神塚に至っては、その上に須賀神社の社殿が建てられている。小さな古墳は農地や住宅地のために削平されることが多いが、墳頂に神様を祀るとそこは聖なる場所になり、このように残るのである。少しでも高いところに神様を祀りたい、と考えた昔の人のおかげだ。

古墳群を過ぎると、道沿いに古くて大きなお寺の入口が現れる。

慶元寺というお寺である。

話は平安時代末期にまで遡る。秩父を本拠地にした桓武平氏の子孫がやがて荒川流域を中心に勢力を伸ばし、そのひとりが江戸から浅草を領して江戸氏を名乗った（ちなみに、2章で出てきた葛西氏も同じ系統）。徳川家康より数百年早く江戸を領していた武将だ。その2代目である江戸重長のとき、源頼朝が鎌倉

須賀神社。社殿が天神塚の上に建てられている。

江戸氏の墓所。中央の新しい宝篋印塔は、初代の江戸重嗣と、2代目の江戸重長を祀ったもの。

幕府を開いた。その当時の文献に江戸重長も登場するのである。

交易を中心に勢力を伸ばした江戸氏だが、室町時代になると勢力も弱まり、やがて江戸を追われて喜多見にやってくる（どうも喜多見に江戸氏の一族がいたようだ）のである。

そのとき、自分たちの菩提寺も一緒に持ってきて、慶元寺と名を変えた。つまり慶元寺は室町時代にここにやってきた江戸氏の菩提寺なのだ。境内には江戸氏代々の墓所もあり、そのゆかりで江戸重長の像もある。

その後、徳川家康が江戸に入って幕府を開くと、「江戸氏」を名乗るのはおこがましいということで「喜多見氏」と改姓した。

慶元寺裏にある**喜多見氷川神社**には、喜多見氏の兄弟が江戸時代前期に寄贈した石の鳥居が現存。この氷川神社も非常に長い参道を維持している古社だ。

慶元寺は今でも広い寺域を持ち、木々に囲まれて苔むした長い参道を歩くと、古くからの日本がここに残っているのだなあと思わせてくれる。特に雨上がりのしっとりした感じはたまらない。境内には小さな古墳もある。

意外な場所に意外な歴史が埋もれていて面白いのである。

慶元寺前を過ぎた登戸道は、ほんの少し坂を下り（つまり慶元寺一体は少し高い場所にある）、砧浄水場で道筋は少し途絶えるものの、その後多摩川を渡る登戸の渡しにつながっていた。

古墳・古刹・古社・古道と四拍子揃った歴史散策にうってつけの場所なので、要注目である。近くに鉄道駅はないが、バスを使えば比較的アクセスしやすい。

喜多見氷川神社に残る、喜多見氏が1654年に寄贈した世田谷区最古の石の鳥居。

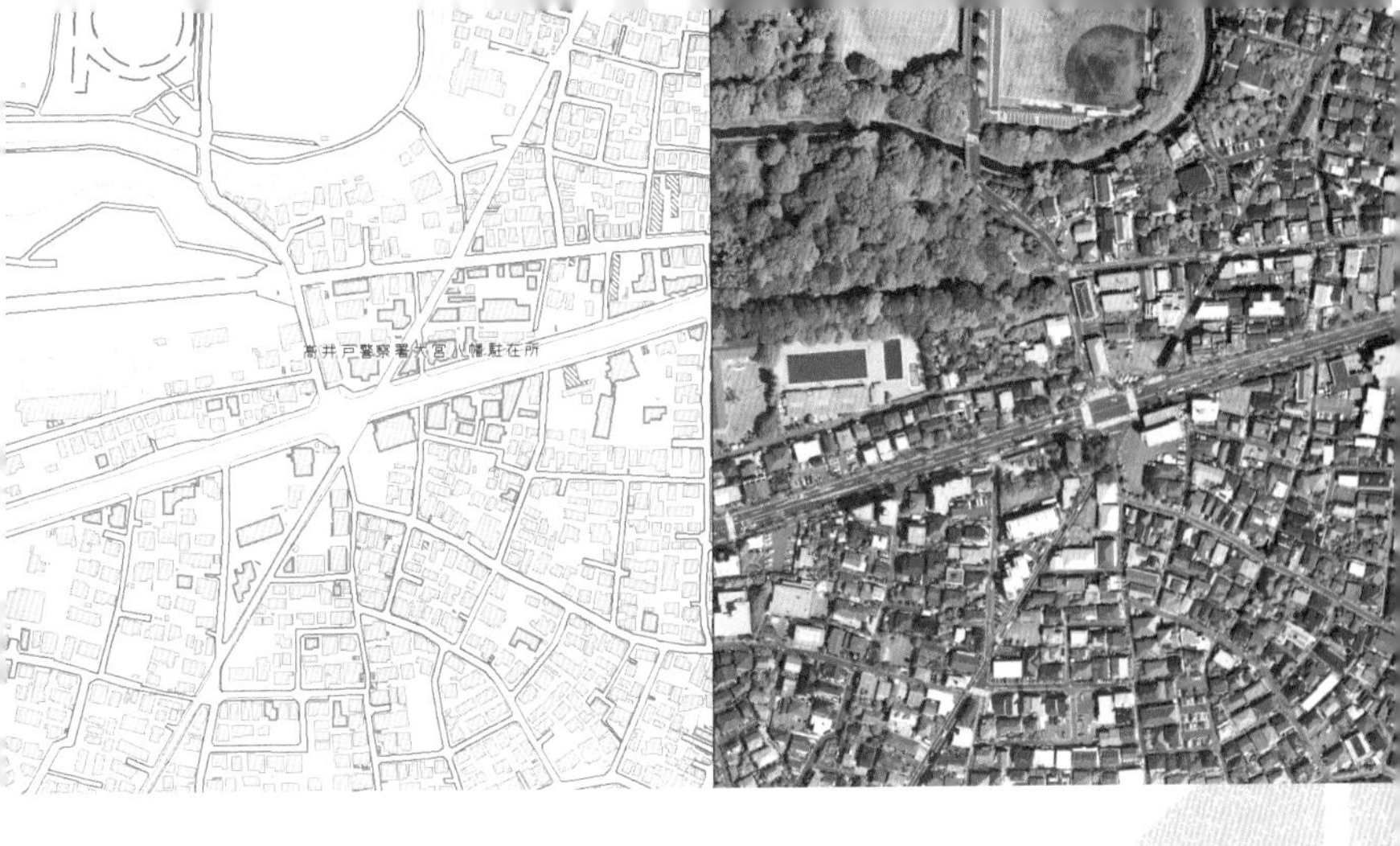

杉並区大宮

大宮八幡宮は交通の要衝だった

大宮八幡に道が集まったのは

3項連続、というのも気が引けるのだが、また荒玉水道道路の話である。この水道道路、傍若無人にまっすぐに、それも北東から南西へ斜めに道を敷いたおかげで、各所に面白い六叉路を残しているのだ。

今回も古道と新道と水道道路が織りなす複雑な交差点である。

その場所は杉並区にある**大宮八幡宮**【図1】。大宮八幡宮の前でややこしくいろんな道が交差してるのである。

大宮八幡宮は昔から「大宮」と呼ばれていた古くて大きな神社。東京やその周辺で「大宮」というと埼玉県の大宮、そしてその地名の由来である氷川神社が最初に思い浮かぶが、杉並区とその周辺に限っては、大宮といえば

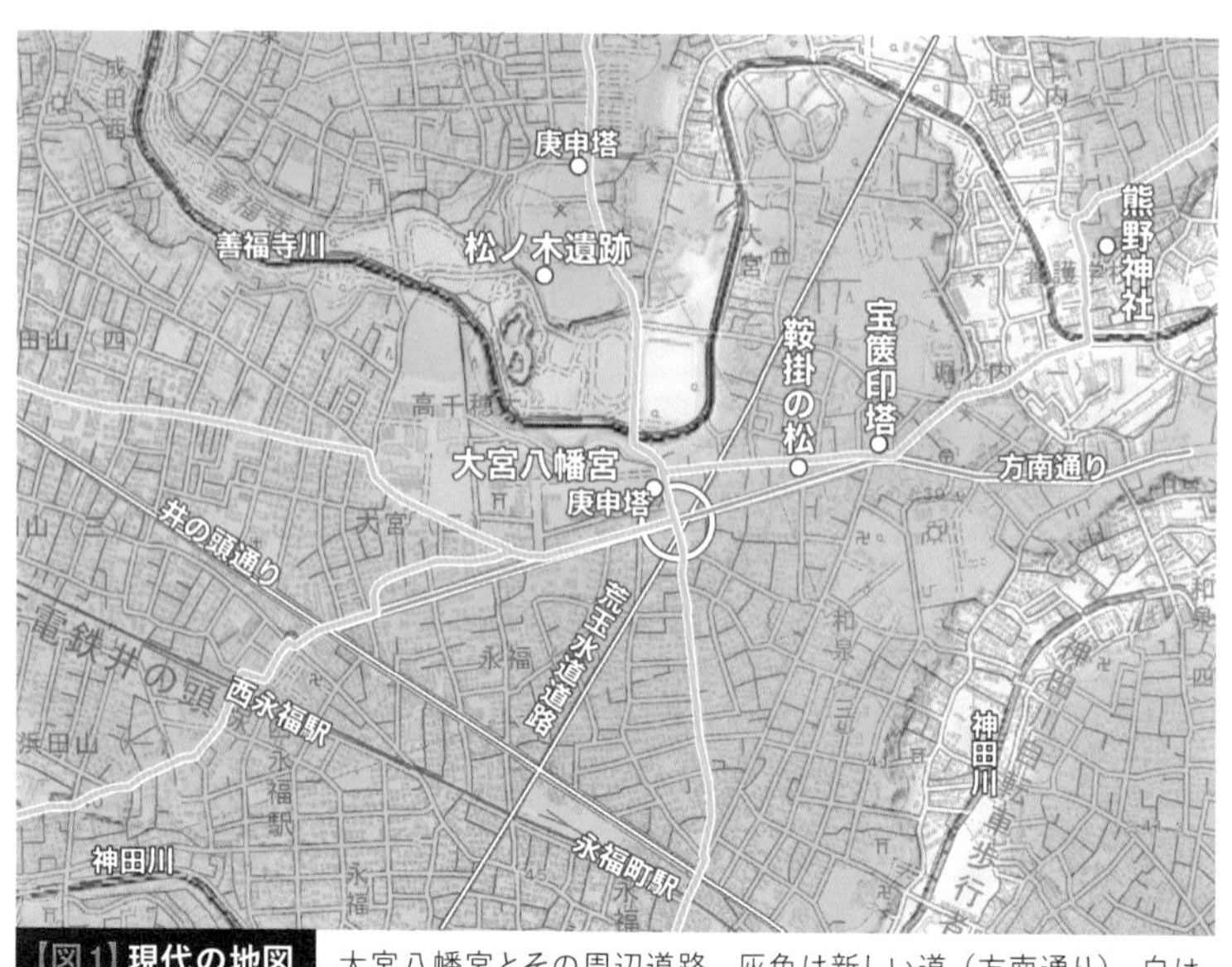

【図1】現代の地図 大宮八幡宮とその周辺道路。灰色は新しい道（方南通り）、白は荒玉水道道路。大宮八幡宮周辺に古道が集まっているのがわかる。

大宮八幡宮なのである。

北に善福寺川が削った谷を擁する崖の上、つまり台地のへりという、神社に相応しい場所にある大宮八幡宮は古い歴史を持つ。

伝承によると平安時代後期、奥州で起きた乱（前九年の役）の平定へ向かう源頼義がその途中にここで八条にたなびく白雲を見て、それを瑞兆として武運を祈り、1063（康平6）年、奥州からの凱旋（がいせん）の帰途、ここに八幡神社を建てたのが始まりという。これだけなら都内に大量に存在する源氏伝承を持つ神社のひとつに思えるが、さらに息子の源義家が境内に松を千本植えたとか、参道にある松に鞍を掛けて休んだ（鞍掛の松）とか、細かいエピソードも残っていて、本当かなと思わせてくれる。

伝承の信憑性を判断するのは難しいし、細

大宮八幡宮の立派な社殿。1945（昭和40）年に竣工した。

かいところにつっこむのは野暮ではあるが、大宮八幡宮は古くから武蔵国の国府（今の東京都府中市）と街道で結ばれており（今は人見街道という名で知られている）、源氏一行が武蔵国国府経由で奥州へ向かったとすると、あり得ない話でもないなあという気はするのである。

さらに興味深いのは、大宮八幡宮のかつての境内から弥生時代の方形周溝墓が見つかっていること。その頃から大宮八幡宮のあるあたりが住民から聖地とされていたとすると、神社としての創建は平安時代でも、そのもっと前から特別な場所であったと考えられる。

そんな大宮八幡宮であるから、昔から交通の要衝であったのだ。

どんな道が集まっているのか。明治時代前期の地図【図2】を見ながら探ってみたい。

【図2】明治前期の地図　大宮八幡宮に集まる5本の古道。その多くに鎌倉街道伝承が残っている。

1は現在の**人見街道**。府中市の人見を経由して府中につながっている道で、源頼義が府中から奥州へ向かったとすると、この道を使ったはずだ。古代から使われていた道であり、大宮街道ともいわれていた。

2は「**阿佐谷道**」と呼ばれる「鎌倉街道」のひとつ。善福寺川に向かって急坂を下り阿佐谷を経由して練馬方面へつながっていた。善福寺川の低地を挟んで八幡宮の対面には、縄文から古墳時代までの住居跡が発掘された**松ノ木遺跡**があり、古墳時代の住居跡を見ることができる。

源義家が大宮八幡宮に参詣したのち、阿佐谷に宝仙寺を創建したといわれており、そのときにこの道を使ったのだろう。その宝仙寺は室町時代に中野に移転したので今は阿佐谷にはない。

大宮八幡宮前から阿佐谷につながる阿佐谷道。坂をS字に下って善福寺川を渡る。

善福寺川を挟んで大宮八幡宮の対面台地上にある松ノ木遺跡。復元住居と住居跡（写真左奥）が残されている。

3も「**鎌倉街道**」。大宮八幡宮の表参道でもあり、途中に義家の鞍掛の松がある。門前の「くろもん」という菓子屋は江戸時代から

大宮八幡宮の表参道にしてかつての鎌倉街道。神社は少し高い位置にあり、そこから見下ろして撮影した。参道左手の赤いタイル風の建物が、江戸時代から続く「くろもん」。

マンションの片隅にひっそりと立つ宝篋印塔や庚申塔。何の解説も無いので見逃しがち。

続く老舗。黒い鳥居があったことから名付けたそうな。参道として賑わった頃の名残は僅かだが、参道が方南通りと合流するあたり、マンションの脇に古い宝篋印塔（ほうきょういんとう）や庚申塔や地蔵がひっそりと残っている。これ、明治に廃寺となった大宮寺（大宮八幡の別当だった寺

大宮八幡宮前の変則六叉路。左手の森が大宮八幡宮。手前から水道道路と古道が合流し、方南通りとの交差点で大宮八幡宮前に出る道（左）と水道道路（右）に分かれる。

院）にあったといわれている石造物だ。

この街道は参道を外れると北へカーブして善福寺川を渡り、中野追分を過ぎて板橋経由で、岩淵の渡しで荒川を渡っていたと考えられる。

4は大宮八幡宮から永福町駅、永福寺経由で甲州街道の下高井戸につながる道。これも古い道だ。

5もなんと「鎌倉街道」といわれている。多摩川を宿河原の渡しで渡り、上高井戸と下高井戸の境界を通って神田川を渡り（ここに鎌倉橋と名づけられた橋がある）、この道を通って大宮八幡宮の前に出ていた、と江戸時代の地誌『武蔵名勝図会』に書かれている。その先は**3**の道につながる。

かくして、古くからの交通の要衝だった大宮八幡宮には、さらに昭和初期・現代と各時

大宮八幡宮の一の鳥居を参道から。大きくて立派な明神鳥居が2つ続いている。

代の道が集まり、より複雑で面白い多叉路ができあがったのだ。

現代の地図を見ると、そんな古道が何本もある中を荒玉水道道路が斜めに突っ切り、さらに方南（ほうなん）通りが作られて、複雑な六叉路ができたのがわかる。

どこの駅からも微妙に離れているが、永福町駅か西永福駅から古い道筋を辿って訪問するのがおすすめだ。

世田谷区、杉並区と続いたが、どちらも（カーナビやスマートフォンが普及する前は）タクシー泣かせの区といわれていた場所だ。本項を読んでもわかるとおり、古くて狭い（時には一方通行だったりする）道に新しい道が重なった上に、しかも古い道はゆるやかにカーブしていて方角を見失いやすかったのである。

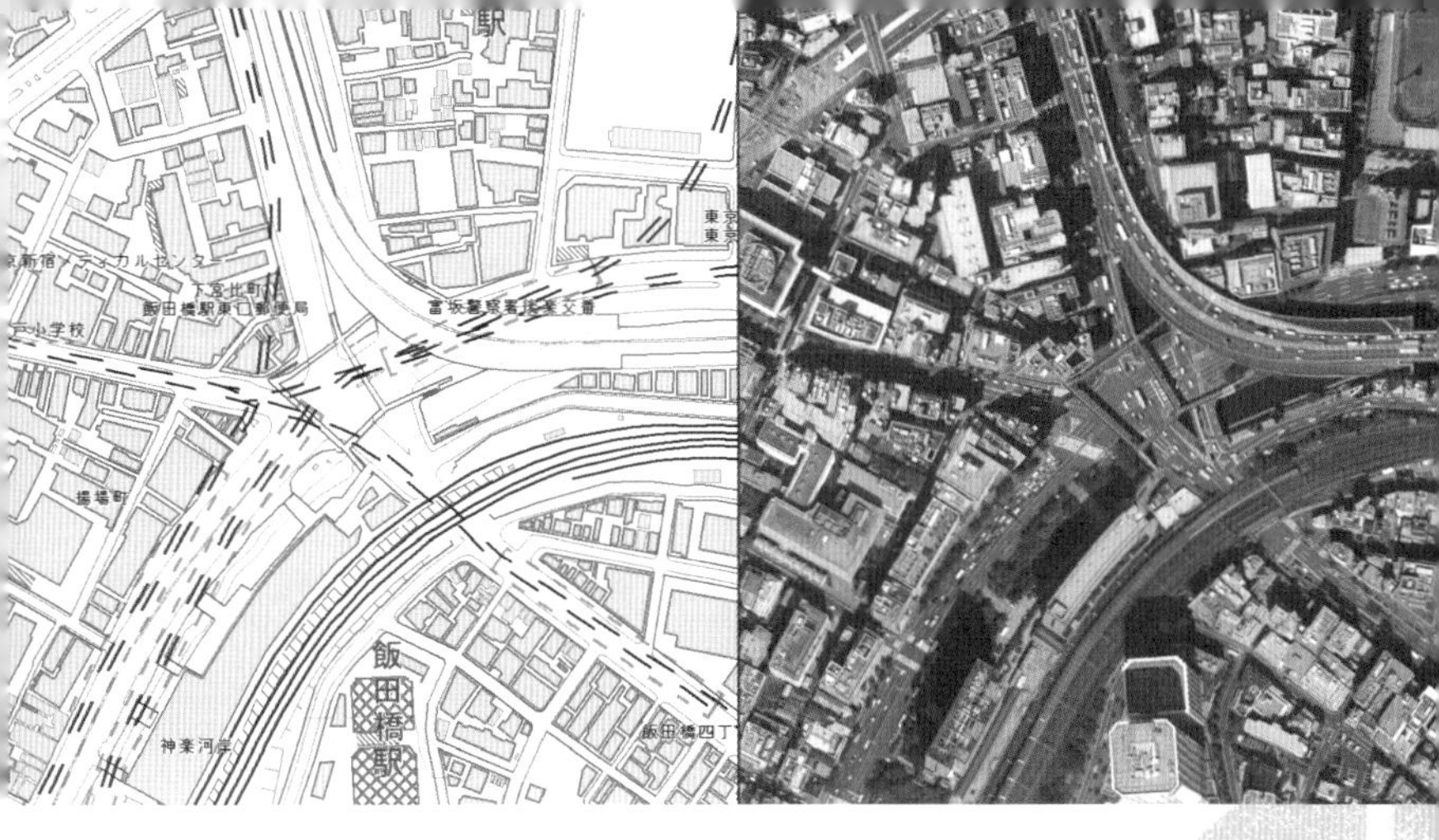

新宿区、文京区、千代田区

3区の境にできた飯田橋六叉路

そこは外堀と神田川の合流点

江戸城は内堀と外堀の2つの堀（実際にはもうちょっと複雑だが）に護られていた。堀といっても全部を一から掘ったわけじゃない。掘る必要があるところは掘っているし、もともとの谷を利用できるところは利用していた。それがよくわかるのが、飯田橋【図1】。

実はここ、**神田川**（江戸時代は江戸川と呼ばれていた）が外堀に合流する水の三叉路なのだ。

市ヶ谷方面から飯田橋に至る外堀は、かつて紅葉川と呼ばれていた川が作った谷地を利用して作ったお堀。紅葉川と神田川は今の飯田橋あたりで合流し、そこから下流は神田川兼外堀となっていたのだ。その神田川も外堀化するため、江戸時代初期に流路が変えられ、人工的な自然河川兼外堀になってるのである。

【図1】現代の地図

飯田橋の六叉路を構成する道路。神田川の両岸の道がひとつの交差点になることで複雑な六叉路となった。船河原橋が2つあるが、実際にどちらの橋も同じ名前なのである。

自然地形と人力による土木作業をうまく組み合わせてお堀が作られているのだ。

この水の三叉路が年月を経て、見事に巨大でややこしい変則六叉路に成長したのである。非常にユニークなのでぜひ紹介したい。

今や飯田橋というと地名や駅名として有名なので古くからあったように思えるが、実は明治時代に作られた橋。江戸末期の地図【図2】を見ると、神田川を東西に渡る橋（船河原橋（ふなかわらはし））はあるものの、飯田橋はない。

それが明治時代になると、神田川右岸（川上から下流を見て右側）の道路をそのまま延ばして外堀を渡る橋を作った【図3】。それが飯田橋なのだ。その道はそのまま都心部へつながり、今の目白通りとなった。

この時点では普通に四叉路だ。

やがて、交差点から筑土八幡神社（つくどはちまんじんじゃ）方面に延びる新しい道が作られ、立派な五叉路に進化した。

でもそれだけでは終わらないのである。

高度成長期になると外堀通りから飯田橋交差点で北に曲がって神田川の上を通る首都高速5号線が建設され、そのとき、新しい船河原橋が作られ、神田川左岸の道もこの交差点に参加したのである。

【図2】江戸末期の地図

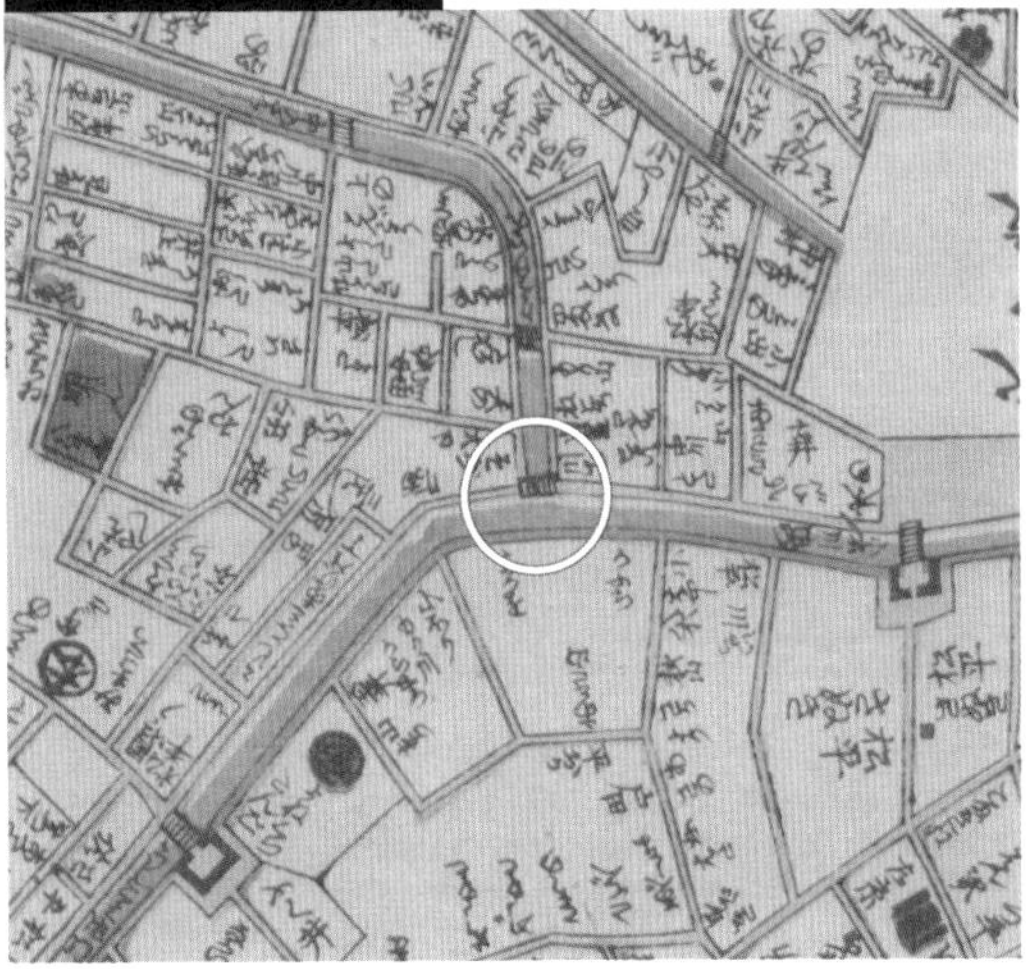

江戸時代末期の飯田橋周辺。外堀に合流する神田川（当時は江戸川）にかかっているのは船河原橋。このあたりは船河原と呼ばれており、船の荷揚げ場があった。

【図3】明治前期の地図

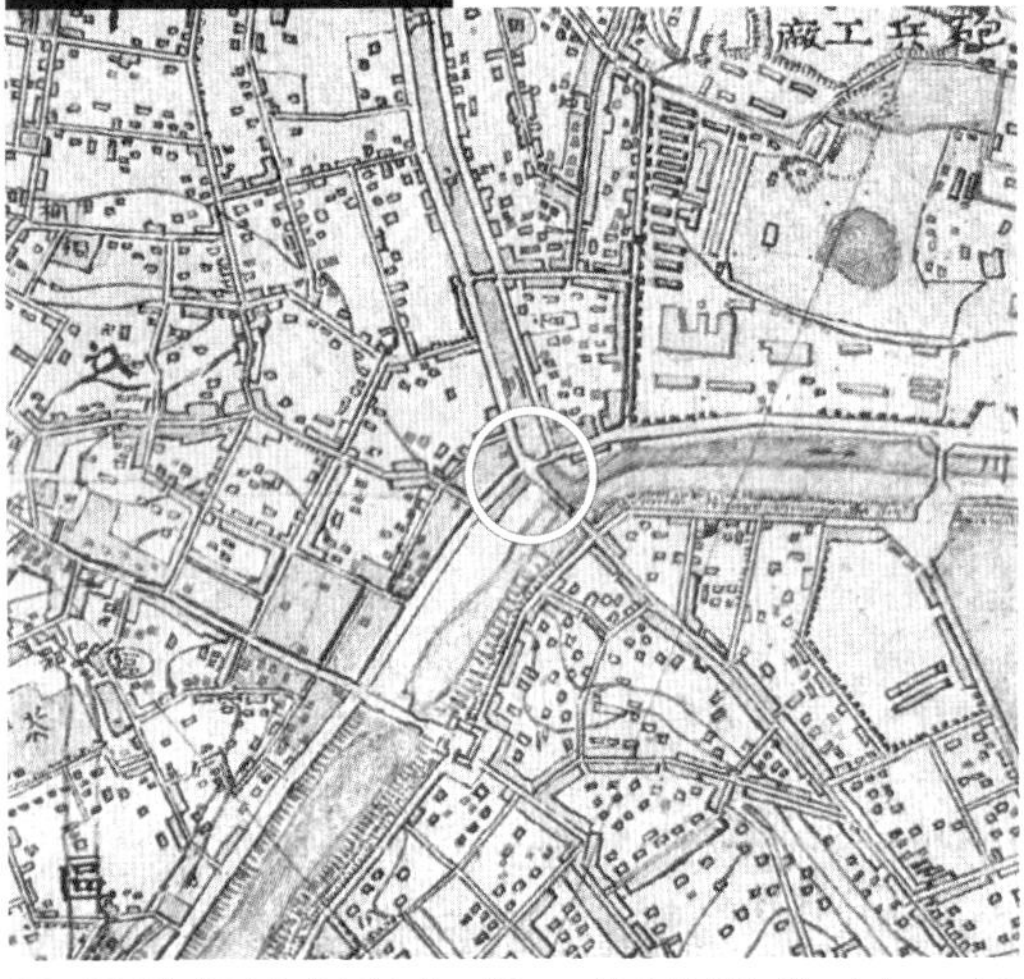

飯田橋が架橋されたばかりの頃で、川や外堀に沿ったシンプルな交差点である。

飯田橋の歩道橋から北方向を撮影。右端に首都高と神田川が少し見えている。交差点が複雑すぎて、自転車で抜けるときに苦労した記憶がある。

見事、変則六叉路の完成だ【図4】。

不思議なのは、神田川を渡る橋も船河原橋、外堀通りを渡る橋も船河原橋と同じ名前ということ。もとからある神田川を渡る橋が拡張された形になってるのかもしれない。

そのとき、外堀通りと飯田橋と船河原橋で三角形が作られた。たまらないのが飯田橋の東側にある歩道。船河原橋が追加されたおかげで、その歩道が取り残されて無意味な空間になったのである。

そのへんを頭に入れて現地を歩いてみると面白い。

今、飯田橋交差点は巨大な歩道橋で渡るようになっているのだが、歩道橋の上から飯田橋を見下ろすと、トマソン化した歩道の不思議な空間を楽しめるし、複雑に絡み合った道路網も楽しめるし、道路と外堀とＪＲ中央・

【図4】昭和末〜平成初期の地図

今の六叉路が完成した後の飯田橋。飯田橋の南に船河原橋が追加されていることと首都高速に注目。

歩道橋から見下ろした飯田橋（画面右の道路部分）。外堀の水面が見えている。のちに船河原橋が追加されたため、飯田橋の歩道が進入不能空間となっているのが面白い。いつかここを歩いてみたい。

（上）飯田橋交差点から見た夜の目白通り。上に歩道橋、遠くにJR飯田橋駅プラットホームが映える。ただし、飯田橋駅の移設が終わると見えなくなりそう。
（左）飯田橋の歩道橋から東方向を見る。右手に外堀（神田川）と、その上を走る首都高、左手には外堀通りと水路・一般道・高速道路がかぶっているのがわかる。そして道路と神田川に挟まれた薄いビルもちょっとたまらない。

総武線の飯田橋駅が平行しているので、路上にあるホームを眺めることもできる（現在飯田橋駅のプラットホーム移設工事がなされており、いずれ見えなくなるだろう）。

飯田橋は新宿区と文京区と千代田区の区界でもあるので、ここは水の三叉路であり、道の六叉路であり、区界の三叉路であり、道路・歩道橋・首都高の三層構造であり（これはちょっと無理があるか）、道路・外堀・鉄道の3つが平行するという、水路好きにも境界好きにも道路好きにも鉄道好きにもたまらない場所なのである。

台東区浅草

浅草六区の六叉路

有数の歓楽街だった浅草

六叉路編、最後は多叉路の宝庫・浅草。誰もが知る浅草である。なぜここに六叉路が作られたか。

それは明治以降の政策にあった。

地下鉄で訪れると気づきづらいのだが、浅草があるのは上野のほぼ東でその間の距離は約1・5㎞くらい。すごく近いのだ。地下鉄銀座線で上野駅から3駅である。

そして、浅草はいい感じに江戸の外れにあった。浅草の東は隅田川、周辺は湿地や水田で、**浅草寺**(せんそうじ)の裏手には1657(明暦3)年に遊郭を集めた吉原が作られた(もともとの吉原が火事で焼け、より郊外の現在地に移転したので新吉原と呼ばれた)こともあり、江戸時代は歓楽街として非常に賑わっていたのだ。

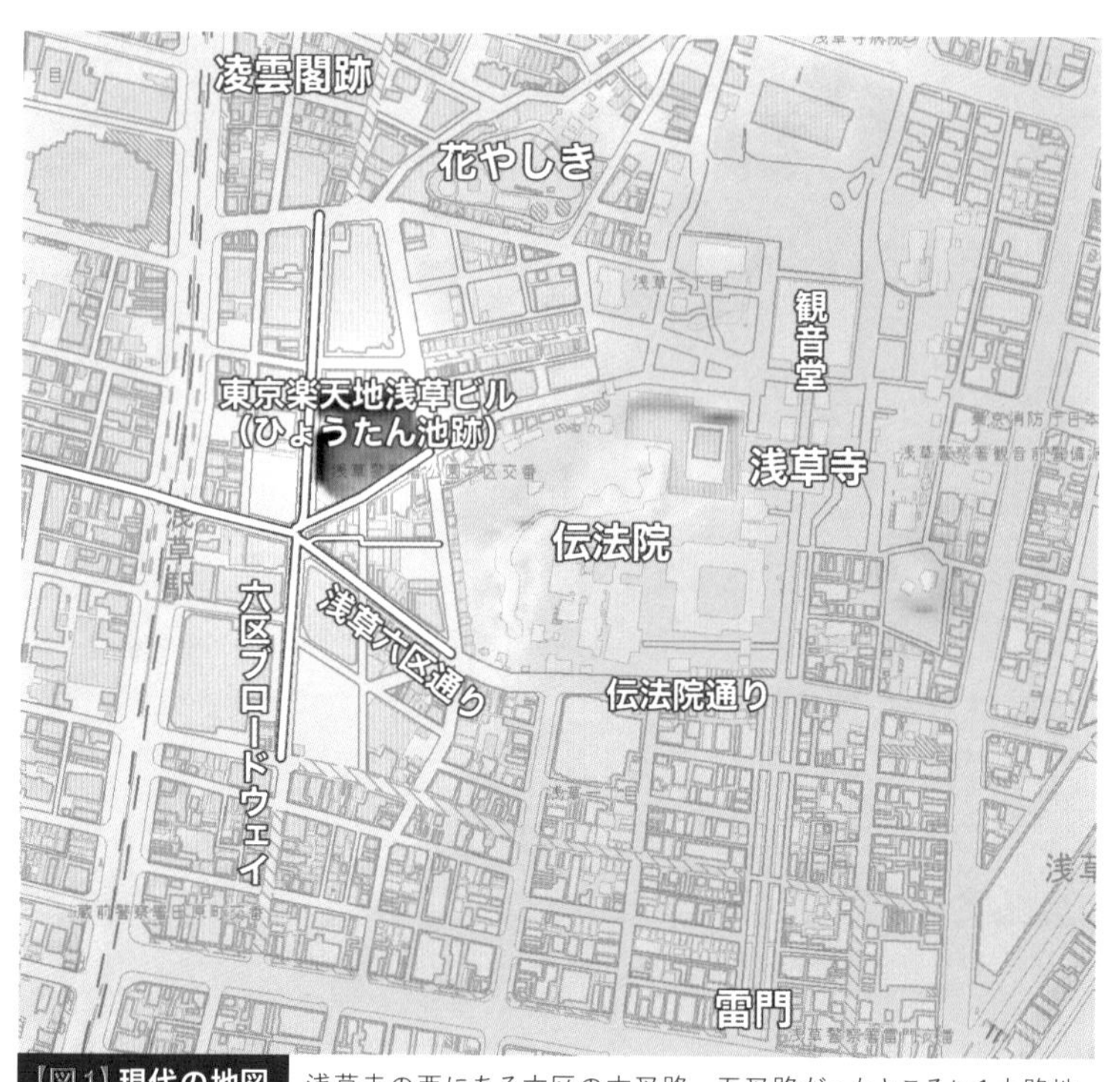

【図1】現代の地図 浅草寺の西にある六区の六叉路。五叉路だったところに1本路地が追加された格好だ。この南東には五叉路もある。

そんな浅草も1873（明治6）年に寺の領地が政府に没収され、浅草寺周辺は浅草公園となり、1884（明治17）年に公園地は第1区から6区まで6つの区画に分けられた。それが今につながる浅草の始まりである。

ここで紹介する六叉路があるのは浅草六区【図1】。

上野からまっすぐ浅草寺へ向かう道（江戸時代後期はずらっとお寺が並んでいた）は浅草六区で放射状に分かれて、上野から来た観光客を浅草全体に行き渡らせる役目を担ったのである。そのときに大の字形に五叉路が作られた。

そして六区を縦に貫く南北の通り

『東京名所写真帖』(明治時代、国立国会図書館デジタルコレクションより)に掲載された、ひょうたん池越しに建つ凌雲閣。立派な観光地だったのがわかる。

の北には浅草十二階と呼ばれた**凌雲閣**(りょううんかく)が建てられ、五叉路の一角にはひょうたん池が作られて、一大行楽地として大いに賑わったのである。

1905(明治36)年になると日本初の常設映画館「電気館」がオープン。関東大震災で凌雲閣は倒壊したものの、六区にはその後も日本映画全盛期に合わせて劇場や映画館がびっしり並んで、その人気はピークを迎えた。

高度成長期(昭和30年代)の「東京案内図」【図2】がたまたま手元にあったので、その「盛場案内図」を見てみよう。ひょうたん池跡に新世界ビルや浅草宝塚が建てられ、建物の間には狭い路地が追加されて五叉路が六叉路になっており、六区娯楽街の中心地にはロック座やフランス座、電気館や浅草松竹といった劇場・映画館が高密度で隙間なく並んで

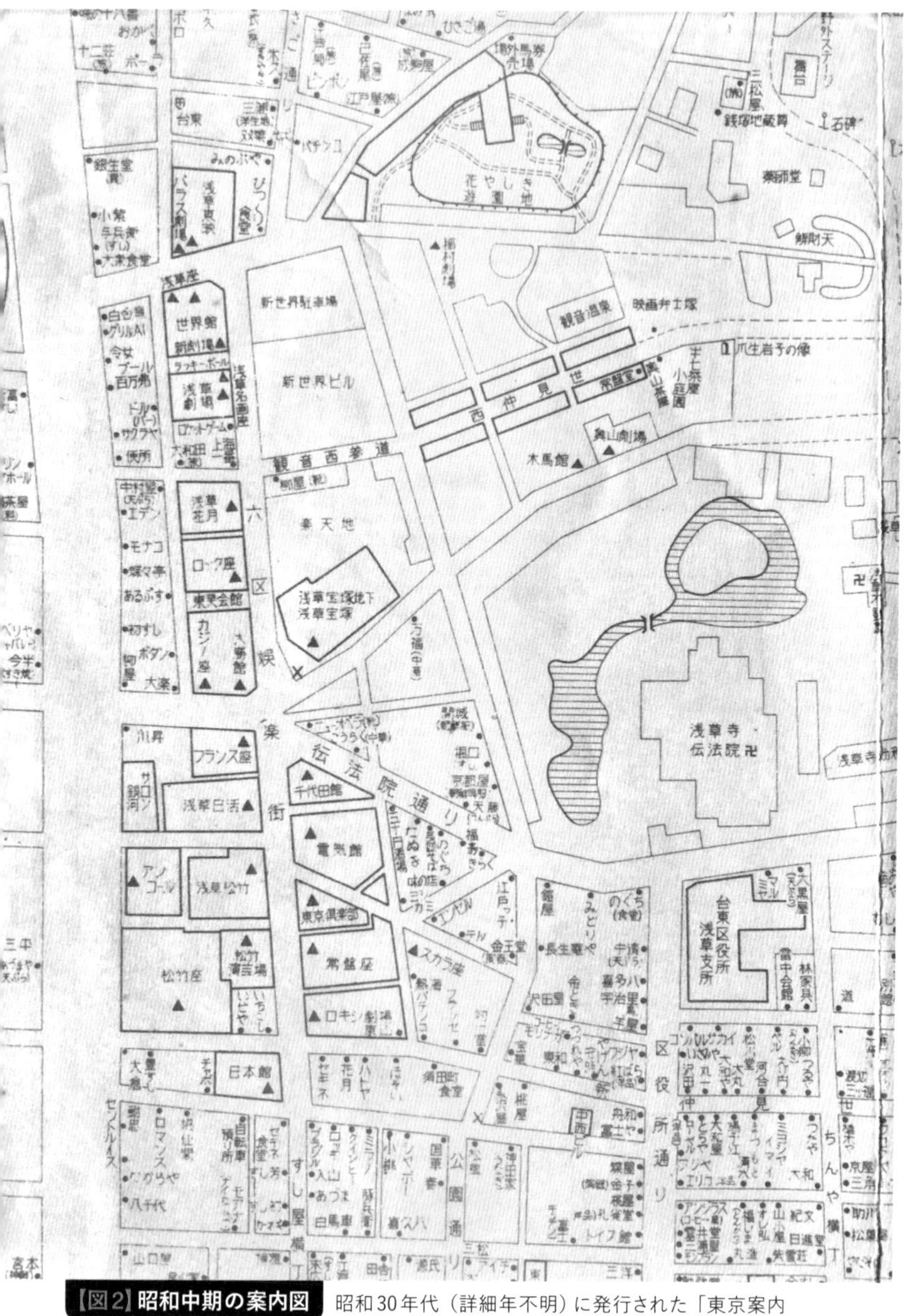

【図2】昭和中期の案内図

昭和30年代（詳細年不明）に発行された「東京案内図」（和楽路屋）より、浅草公園盛場案内図。映画館や劇場がびっしりと並んでいる。

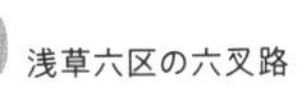

いる。

これを見るだけで浅草寺西の六区がどれだけ賑わっていたかわかるというものだ。

つまり、この六叉路は浅草を一大観光地にすべく作られた交差点だったのである。

その後、娯楽のトップが映画だった時代が終わるとともに六区は衰退したが、近年になって復活させようという動きが出てきた。2015年にはひょうたん池跡に日本各地の名産品を楽しめる「まるごとにっぽん」がオープン。映画館はないものの、浅草ロック座や演芸座といった老舗や、さまざまな飲食店が並び、江戸から昭和の情緒あふれる観光客向けの店や、海外観光客を狙った日本らしさ満開の店も賑やかに、人の流れも戻りつつあるようだ。

今や、この公園六区入口交差点から少し東

夜の浅草六区。

今の六叉路を西から見た風景。海外からの観光客も多く賑わっている。

へ入った場所にある、ブロックで舗装された信号もない歩行者中心の六叉路では、公園や花やしきへ行く人、劇場へ向かう人、浅草寺を参拝する人、**伝法院通り**や仲見世を訪れる人、あるいは逆に花やしきや浅草寺や仲見世からやってくる人が思い思いに行き交い、古い行楽地ならではの味わいを見せてくれる。特に浅草らしさをアピールする飲食店が多く、浅草を観光したら六区で食事したり休憩したり、という感じのようだ。

この六叉路から浅草六区通りを伝法院通り方面へ向かうと、左右の街灯に六区で育った芸人や作家の写真とプロフィールが飾られている。そして伝法院通りに入る直前にも多叉路がある。こちらは五叉路だ。浅草ついでに簡単に紹介。

明治時代には三叉路だったが、大正時代に

伝法院角の五叉路。昔からある小さなお店や近年の観光客相手の店まで、ずらりと並んでいる。

2本追加されて五叉路になった。

伝法院通りから仲見世にかけては観光客が求める浅草がある。江戸を彷彿させる店構えや昭和の香り漂う店舗が続き、土産物屋も充実しているからだ。

実は浅草には、ほかにも五叉路があるのだが、それは次章で。

伝法院の庭園と池越しに見える浅草寺の五重塔。年1回の庭園公開日に撮影。

column

食い違い十字路

昔の街道に十字路は少ない。出会い頭の事故が起こりやすい十字路は危険だからである。でも道が交差しなければならないことはある。そんなときわざと片方をずらして「食い違い十字路」にすることがあった。自動車の時代になると信号機で安全を担保できるため、道路の拡幅などで食い違いを消していく。

それのわかる場所が五反田の中原街道と山手通りの交差点にある。かつての食い違い十字路を道路拡幅でまっすぐにつなぎ、余った土地を左折用車線にしたのだ。

街を歩いていて片側の歩道だけ不自然に広い十字路や、片側に不自然に三角の土地がある交差点に出会ったら、それは食い違い十字路の名残かもしれない。

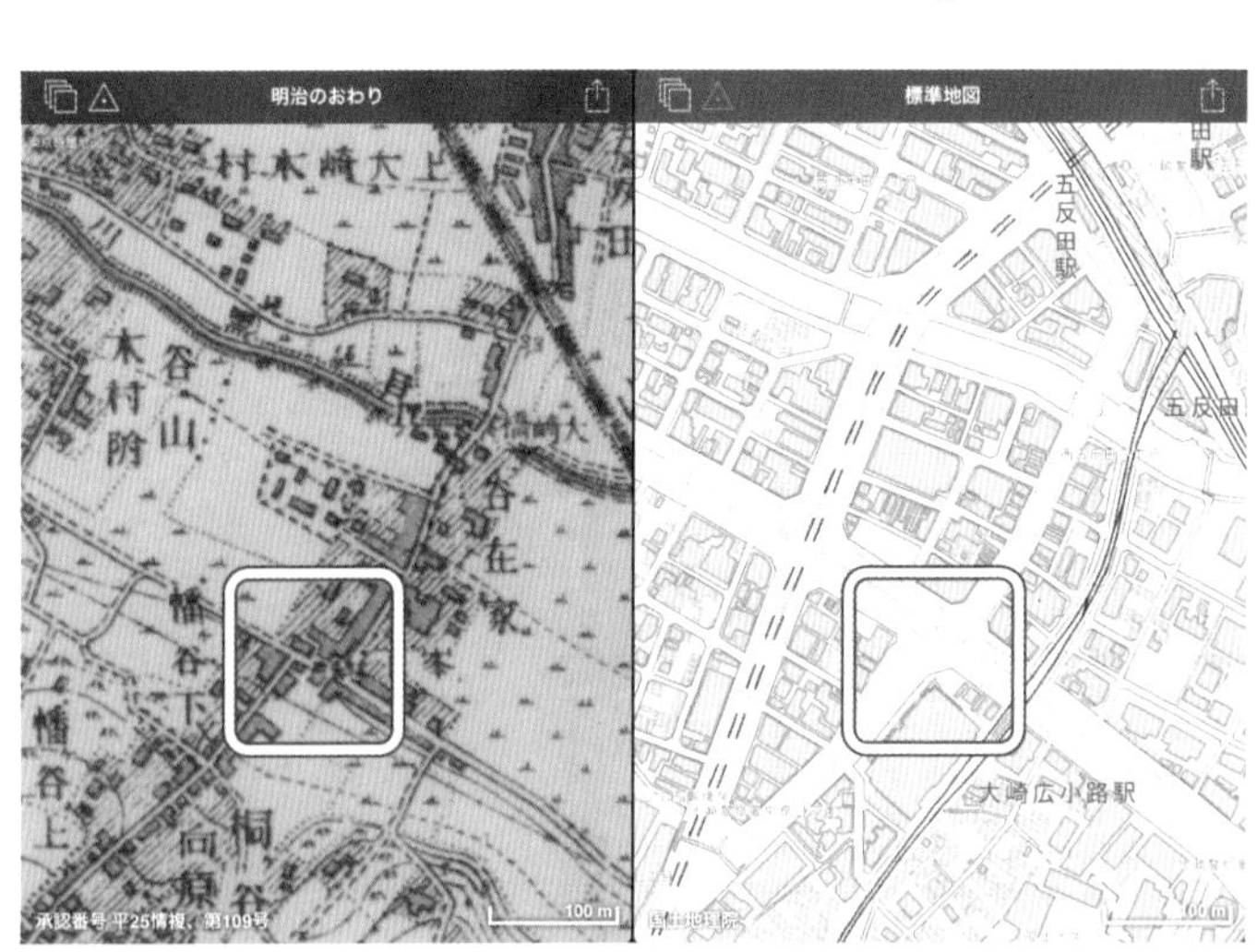

江戸〜明治の食い違い十字路が、道路の拡幅によって立派な交差点に成長した例

第5章

五叉路

五叉路となると非常に数が多く至るところにあるわけで、たとえば、江戸時代にあった三叉路に1本新しい道が重なればそれで五叉路である。数も多いので、歴史ある五叉路をピックアップしてみた。元々は三叉路だったが近代になって新道ができて複雑になった五叉路、川に橋がかけられたことでできた五叉路、なんと江戸時代前期からずっと五叉路で今も五叉路のまま、という3つの五叉路をお楽しみください。

台東区浅草

浅草は五叉路の宝庫だった

橋とともに出現した五叉路

前章に続いて浅草の話。

浅草の歴史は古い。江戸よりずっと古い。なにしろ浅草の中心である「浅草寺」は東京最古の寺である。伝承だと推古天皇38（628）年というから、日本に仏教が入ってから100年経つか経たないかの頃、つまり仏教に力を入れた蘇我氏や聖徳太子の時代だ。古すぎて信憑性に欠けるかもしれないが、境内からは7～8世紀の遺構も発見されているし、実は古墳もあった（石棺が発掘されている）くらいで、奈良時代には既にあった古刹なのは確かだ。中世の文献にも浅草の観音堂は登場しており、創建からずっと途切れることなく続いている。

なぜそれが浅草だったのか。

【図1】現代の地図

浅草の隅田川沿いに作られた3つの五叉路。色のついた道は古街道。

このあたり一帯は、標高が低く無数の川が流れる「東京低地」の一部。入間川、荒川、利根川と大きな川が全部注ぎ込んでいて水害も多かった。洪水の多さを考えると、長年そこで栄えるには不利な場所に思える。

その中で浅草のあたりは自然にできた微高地（自然堤防）なのである。周りが低地だからこそ、人々はより安全な微高地に集まった。人々は微高地に住み、川を使った水運でも（古代は今より海岸線が奥にあり、浅草は河口に近かった）栄えたのだろう。

かくしてその微高地に東京最古の寺が創建されたのである。

湊が作られ、人々が行き来するようになると街道ができる。浅草の東は川。西には上野台地があるが、浅草と上野の間には大きな池や湿地帯があった。となると、街道は川沿い

雷門前の浅草文化観光センターの展望テラスから見た浅草寺。手前の雷門から仲見世が延び、奥に五重塔と観音堂が見える。

の自然堤防を使って開かれたはずだ。街道から各地へ分岐する道ができ、近世から近代になると隅田川に橋がかけられて対岸との行き来ができるようになり、いつしか五叉路化したのである。

そんな五叉路が浅草寺の近くに3つあるのだ【図1】。そのうちの2つをまず紹介したい。ひとつは都営浅草線の浅草駅がある**駒形橋**（こまがたばし）の交差点。もうひとつは東京メトロ銀座線や東武線の浅草駅がある**吾妻橋**（あづまばし）の交差点だ。

駒形橋の交差点からいこう。南から川沿いにやってきた街道はここで2つに分岐する三叉路になっていた【図2】。そのまま川沿いに進む街道と浅草寺の雷門に続く表参道だ。この街道は鎌倉街道だったともいわれ、江戸時代は日光・奥州街道として使われた。

江戸時代前期の地図【図2】を見ると、す

【図2】江戸前期（1671）年の地図

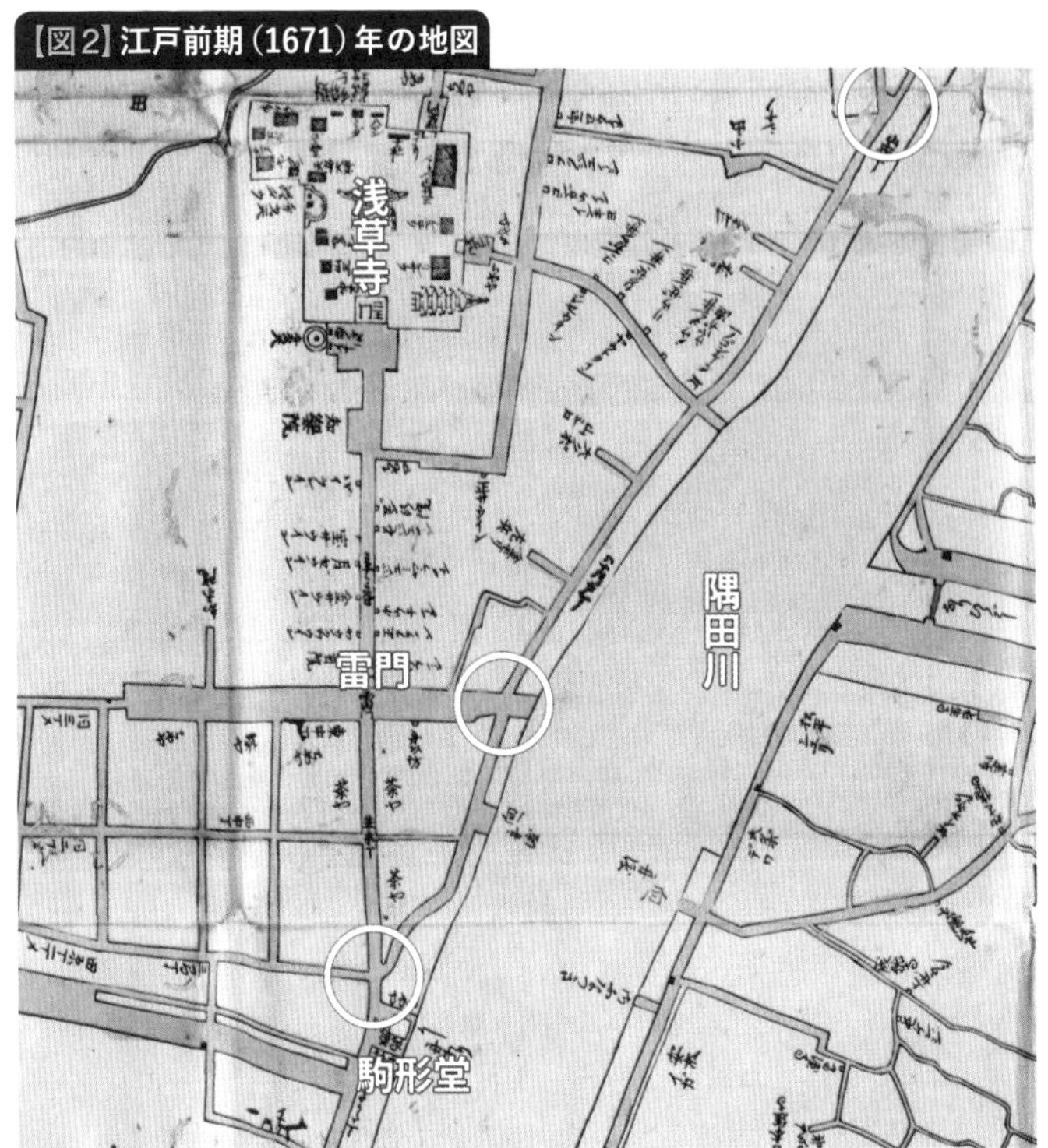

1671（寛文11）年の「新板江戸外絵図」より。隅田川沿いの道と浅草寺の参道による駒形堂前の辻。手前の円い枠が現在五叉路になった辻だ。

でに「隅田川に橋がかかったら多叉路になりそうな萌芽」が見てとれる。

この分岐点にあるのが「**駒形堂**」。橋の名前にもなっている。

駒形堂前の三叉路が五叉路になったのは関東大震災後。震災復興橋梁としてかけられた橋のひとつ、駒形橋が1927（昭和2）年に竣工したからだ。橋を渡って東西に続く道が三叉路に重なったのである。

浅草寺への入口に建つ駒形堂には馬頭観音（ばとうかんのん）が祀られているが、その由緒には諸説ある。

浅草寺のWebサイトでは「隅田川に棲む魚類に対する愛

駒形堂。往古は川の方を向いていたそうな。

護の必要を感じ、生物の守護仏である馬頭観音を祀り、人びとが心願成就の御礼として馬形の作り物を奉納したことが名の由来ではないか」と書いているが、『江戸名所図会』には、祈願のある人は駒の形の作りものを堂内へ奉納することから駒形堂というようになったとあるほか、絵馬をかけた「駒掛け」がいつしか駒形になったという説もある。

　重要なのは、この地が浅草寺発祥の地でもあるということ。つまりここが、浅草寺の本尊である聖観世音菩薩像（秘仏なので公開はされない）が川から引き揚げられた場所だとされているのだ。引き上げた檜前浜成（ひのくまはまなり）・竹成（たけなり）の兄弟が主人である土師中知（はじのなかとも）のもとへ像を持っていき、それを祀ったのが浅草寺の始まりとされており、平安時代に武蔵国国司の平公雅（たいらのきんまさ）が堂を建てたという。

今でもここから雷門へまっすぐ続く道（並木通り）がある。江戸時代はこの参道に沿って並んでいたという茶屋の名残はなく、道も拡幅されたので当時の風情はない。

駒形堂の裏から見た駒形橋のアーチ。昭和2年竣工の剛健な橋だ。

駒形橋交差点から雷門へ向かう並木通り（奥に雷門が見えている）。今は拡幅されてバス通りになっており、参道っぽさは残念ながらない。

駒形堂の少し南には１８０１（享和元）年創業の「駒形どぜう」があり、江戸時代から続くどぜう鍋（どぜうはどじょうのこと）を食べさせてくれる。江戸っぽい日本家屋で座布団に座って鍋をつつく体験は格別。鍋も美味なのでおすすめ。

もうひとつ、駒形橋の北にある五叉路は**吾妻橋**の交差点だ。ここは雷門前から東に向かう通りが街道に合流する三叉路だった。

１７７４年、隅田川に吾妻橋がかけられて対岸との行き来が便利になり、三叉路も十字路になった。江戸から東へ向かうので「あづま」橋。隅

【図3】江戸末期（1853年）の地図

1853（嘉永6）年の江戸切絵図「東都浅草絵図」より。吾妻橋が描かれている。

田川を大川と呼んでいたので大川橋とも呼ばれていた橋だ。江戸時代末期の地図【図3】を見ると、橋がしっかり描かれている。

吾妻橋が鋼鉄製になったのは1931（昭和6）年のこと。これも関東大震災からの震災復興橋梁だ。

その後、昭和になるとそこから真北への道が作られて五叉路になり【図1】、同年、楔形（くさびがた）の土地に東武線浅草駅を内包する**松屋浅草店**がオープン。百貨店の2Fがターミナル駅というユニークさは今も変わらない。

松屋浅草店は2012年に創業時の外観を復活させ、古くから賑わった浅草らしさを強調している。

松屋浅草店の向かいにある神谷バーは1880（明治13）年に創業した日本最初のバーであり、今も1921（大正10）年に竣工し

吾妻橋交差点から見る夜の松屋浅草店。この中に東武線浅草駅が入っている。創業当時の建物がそのまま残っていて必見。松屋の右に延びる道が古道。左は新しい道だ。

たビルで営業を続けている。

この交差点には東武線浅草駅のほか、1927（昭和2）年にできた日本最初の地下鉄、銀座線の浅草駅、さらに吾妻橋のたもとには水上バスの発着場があり、今や浅草の玄関口。吾妻橋の五叉路は常に大勢の観光客が行き交

大正10年竣工のビルで営業を続ける神谷バーを吾妻橋交差点から。中にはレストランがあり、ランチも食べられる。

雷門前の浅草観光文化センター展望テラスから見た吾妻橋交差点の五叉路。赤い橋が吾妻橋で、向こうに東京スカイツリーも見える。

って人通りがとぎれることがない。

言問橋も五叉路だった

3つめの五叉路はもう少し北にある。吾妻橋から川沿いに続く江戸通り（旧日光・奥州街道）をしばらく北上すると、また道が二手に分かれる三叉路があった。

川沿いをそのまま北上するのは往古からの街道で、鎌倉街道ともいわれている。街道沿いには待乳山聖天（まつちやましょうでん）、源氏伝承がある今戸（いまど）神社や、奈良時代創建という橋場不動尊（はしばふどうそん）、同じく奈良時代の724年創建という石浜神社があるなど、古社古刹が並ぶ古い道だ。

三叉路を真北に向かう直線の道は、江戸時代の日光・奥州街道。隅田川から離れて南千住方面へまっすぐ向かっている。この直線っぷりからいって、江戸時代に低地を開発して

【図4】大正時代と昭和初期の地図

左が大正時代、右が昭和初期の地図。言問橋ができて五叉路化したのがわかる。

一直線に街道を開いたのだろう。

そんな古い三叉路だったが、大正時代に西からの道が作られて変則的な四叉路になり、昭和になって震災復興橋梁として言問橋が架けられ、五叉路化したのである【図4】。

三叉路を五叉路に進化させた東西の道は「**言問通り**」、隅田川にかかる橋は**言問橋**（ことといばし）。橋の名は、在原業平（ありわらのなりひら）が隅田川を渡るときに歌ったという有名な「名にしおはば　いざ言問はむ　都鳥　わが思ふ人はありやなしやと」から名づけられたものだ。ただ、平安時代の隅田川の渡しはもっと北の方にあったので、位置的にはちょっとずれてるけど、細かいこというんじゃねえと江戸っ子にいわれそうではある。

言問橋を渡って隅田川沿いに北へ向かうと、江戸時代末期創業の「言問団子」が今でも続

言問橋交差点の追分。正面から左斜めに入るのが旧日光・奥州街道。まっすぐ進むのはさらに古い古代の道だ。

いている。この「言問団子」は素朴ながら非常に美味なのでおすすめ。

面白いのは、浅草の隅田川にかかる駒形橋、吾妻橋、言問橋の3つはそろってきれいな五叉路を形成しているが、それより上流や下流にある震災復興橋梁は五叉路にはならなかったこと。浅草寺周辺にだけ見られる五叉路なのだ。

言問橋から見た建設中の東京スカイツリー(2009年撮影)。言問橋はスカイツリーのビュースポットでもある。

品川区大井町

五叉路になった「大井三ツ又」

地蔵尊で有名な三ツ叉

古い三叉路が五叉路に進化したパターン、続きます。

品川区大井町に古くから「**大井三ツ又**」と呼ばれる五叉路がある。今は五叉路だが昔は三叉路だったのだ。

大井町はJRの京浜東北線と東急大井町線、そしてりんかい線が乗り入れる大きな駅。JRの路線としては東海道本線（東海道本線の電車は停車しないけど）。日本最初の鉄道路線だが、大井町が正式に駅として開業したのは大正時代。当初は駅がなかった。明治前期の地図【図2】を見ると線路だけあって駅がないのがわかる。

そして、線路の少し内陸側にいくつか道路が複雑に通っている。その中で白い○をつけた箇所が大井三ツ又だ【図1】。

実はこの大井町。実に古くからある地名である。

まず、平安時代に書かれた『延喜式』という文献に登場する。そこには各街道（五畿七道の七道）それぞれに駅名が書かれているのだが、東海道の駅として「大井」が登場するのだ。今の大井町（のどこか）である。

鎌倉時代になると鎌倉街道の1本が大井を通っており、大井氏がこのあたりを領していた。

大井とペアで語られるべきは品川だ。品川というと江戸時代の東海道品川宿が有名だが、よく見ると鎌倉時代に遡る寺社が多く残っている。中世には品河湊（しながわみなと）として交易で賑わっており、そこを領していた品河氏は大井氏と同族で深い関係にあった。当然、台地上にある

【図1】現代の地図

大井三ツ又周辺の地図。色のついた道が古道。三ツ又地蔵尊は来福寺の別堂となっている。

【図2】明治前期の地図

日本最初の鉄道と大井三ツ叉。海岸近くの低地を江戸時代の東海道が通っていた。

今は五叉路になった大井三ツ叉交差点を南から見る。

大井と海沿いの河口にある品川を結ぶ街道もあり、大井は陸上交通の要衝でもあったのだ。

そんな大井に「三ツ又」はあった【図1】。

三ツ又の「又」のところには「**三ツ又地蔵尊**」があるし、その近くには源頼朝が経を埋めたという「**納経塚**」があった。それらにまつわる伝承がちょっとややこしいので、時系列で並べてみる。

まず、平安時代後期、大井の里に大伽藍が建立されて、智辯（ちべん）上人により開山。本尊は木仏の十一面観世音菩薩だった（「三ツ又地蔵尊縁起」より）。

観音堂があったという（「しながわの史跡めぐり」より）。

990年、東大井に智辯上人が来福寺を創建（来福寺のパンフレットによる）。三ツ又地蔵尊縁起にある寺とは来福寺のことか？

保元・平治の乱（1156〜59）以降の戦乱期に大伽藍は焼失し、本尊や境内仏だった石仏は武蔵野の一角に埋没（「三ツ又地蔵尊縁起」より）。

源頼朝が戦死諸兵供養のために写経を埋め、その場所は納経塚と呼ばれた。江戸時代には庚申塔が置かれ、庚申塚といわれるようになった（「しながわの史跡めぐり」や庚申堂の解説板より）。

文亀元年（1501）、僧梅巖（ばいがん）が納経塚を通りかかったところ、地中から読経の声がしたので土を掘ってみると、埋まっていた一体の仏像が出現した（「来福寺」パンフレットより）。

ただ、三ツ又地蔵尊縁起には「土を掘って二仏を発掘しました」とある。

「三ツ又地蔵尊縁起」によると、そのうち一体は、行方不明になっていた来福寺の本尊で

（左）歩道橋から見た大井三ツ又と三ツ又地蔵尊。右のブロック舗装の道は三ツ又商店街。地蔵堂の前にベンチがある。
（右下）三ツ又地蔵堂の扁額を見ると「十一面観世音菩薩」と書かれている。でも中にいるのはお地蔵様だ。
（左下）三ツ又地蔵堂の延命地蔵菩薩像。昭和になって作られたもの。

斜面の下の方にある来福寺。平安時代創建という。

ある延命地蔵菩薩と判明して来福寺へ。もう1体は三ツ又に祀られ、身代わり地蔵として信仰を集めている、とある。

以上だ。来福寺に伝わる話とそれ以外でズレがあるのか、複数の伝承がひとつになってしまったのか、気になるところである。

そこで、三ツ又地蔵尊へ行ってみると地蔵堂なのに「十一面観世音菩薩」という扁額が安置されているではないか。中に祀られているのは紛れもなく地蔵尊だというのに。

なんかもやもやしません？　十一面観音を本尊としていたのは来福寺なのかそうじゃないのか。納経塚から掘り出されたのは1体なのか2体なのか。掘り出したとき頼朝が納めたという経はどうだったのか。掘り出されたのが地蔵尊なら、十一面観音像は結局どこへいったのか。

三ツ又地蔵尊脇に書かれている縁起や庚申堂に書かれている解説、来福寺によるお寺の縁起をそれぞれ読むと納得しちゃうのだけど全部合わせると謎が深まるのである。

三ツ又地蔵堂というべきか、十一面観音堂というべきか。1000年以上前の伝承にツッコンでも仕方ないのであるが、ただ常に地元の人がお祈りしたり地蔵堂前のベンチに座ってくつろいだり、地元に愛されている感じが非常によい。

三ツ又はこうして五叉路になった

では本題。

大井三ツ又は南からやってきた**池上道**が2つに分かれるところ。

右は品川道で、三ツ又商店街としてお店が

旧道は人と自転車用にペイントされた踏切で線路を渡る。線路脇に「品川道踏切」と書かれている。

ずらりと並んでいる。今は駅前まで続いているが元々は坂道を降りて南品川の品川寺(ほんせんじ)脇に抜けていた街道。古い道筋には、人と自転車専用の踏切が設置され、その先で坂を下っている。その踏切には「品川道踏切」とあるので、古くから品川道と呼ばれていたのだろう。府中から品川へ向かった品川道がここにつながっていたのかもしれない。

三ツ又商店街が今でも息づいているのは、旧い品川道はそのままに、三ツ又交差点から右手に曲がる新道が作られたから。こちらは自動車向けに設計された広い道で、鉄道を大井陸橋で越えている。

三ツ又の左側の道は大井町駅前を流れる立会川(たちあいがわ)に向かって坂を下るのだが、その途中に前述した源頼朝の納経塚跡といわれる庚申堂がある。こちらも古い道のようだ。ただ、江

(上) 2015年に撮影した庚申堂。
(中) 2019年には庚申堂ではなく「経塚地蔵堂」と名前を変えていてびっくり。
(下) 経塚地蔵堂。庚申塔の真ん中に地蔵尊がいた。

戸時代から2015年頃までずっと「庚申堂」だったそれは、その土地にマンションが建築されるに伴ってリニューアルした際、延命地蔵（別名経読地蔵尊）が据えられ、「**経塚地蔵堂**」と名前を変えてしまった。

【図3】江戸後期（1805年）の地図

江戸時代の「目黒筋御場絵図」。ゼームズ坂は浅間坂通りと書かれている。

真新しい地蔵の両側に江戸時代の庚申塔が並べられている。

経塚前の道は大井町駅を過ぎ（鉄道によって道筋は変えられているが）、**ゼームズ坂**で台地から海沿いの低地へ下り、南品川の天龍寺門前へ達している。

ゼームズは江戸時代末期に来日した英国人ジョン・M・ゼームズ。今なら「ジェームズ」と書くところだ。彼が坂沿いに住んでおり、崖を降りる急坂だったのを私財を投じて緩やかに改修したので、ゼームズ坂と呼ばれる。外国人の名前がついているので新しい坂かと思いきや、その前は浅間坂と呼ばれていた古い坂。

「目黒筋御場絵図」【図3】を見ても、大井三ツ又を経由して品川へ向かう道筋には、少なくとも品川道とゼームズ坂の2本があったようだ。

大井には古代東海道や鎌倉街道が通っており、どちらかがその古代や中世に遡る坂かもしれない。

古代の道がどうだったかは、平安時代の古代東海道の「大井駅」がどこであったかが重要になるのだが、それはまだわかってない。

鎌倉街道の道筋についても、池上道がそうだと思われているが、元々は崖下の道がそうだったという考えもある（平安〜鎌倉時代に遡る古刹が崖下に並んでいるため）。来福寺の西側の道だ。

そうそう、話を五叉路に戻そう。南から来た池上道（池上本願寺への道なのでその名がついた）は、三ツ又で2つに分かれた。右に分かれた品川道は、1970〜80年代に新道が作られて、四叉路になった。

もう1本は西からくる道。【図3】にすでに描かれているので江戸時代にはあった道だろう。「目黒筋御場絵図」には、稲毛道（今の光学通り）と池上道をつなぐ道として描かれている。

ともあれ、大井三ツ又はわざわざそう名づけられるほどの交通の要衝であったのだ。池上道（今の池上通り）を南下すると品川歴史館もあり、深い歴史を持つ土地だと思って散策すると多くの発見がある、味わい深い街である。

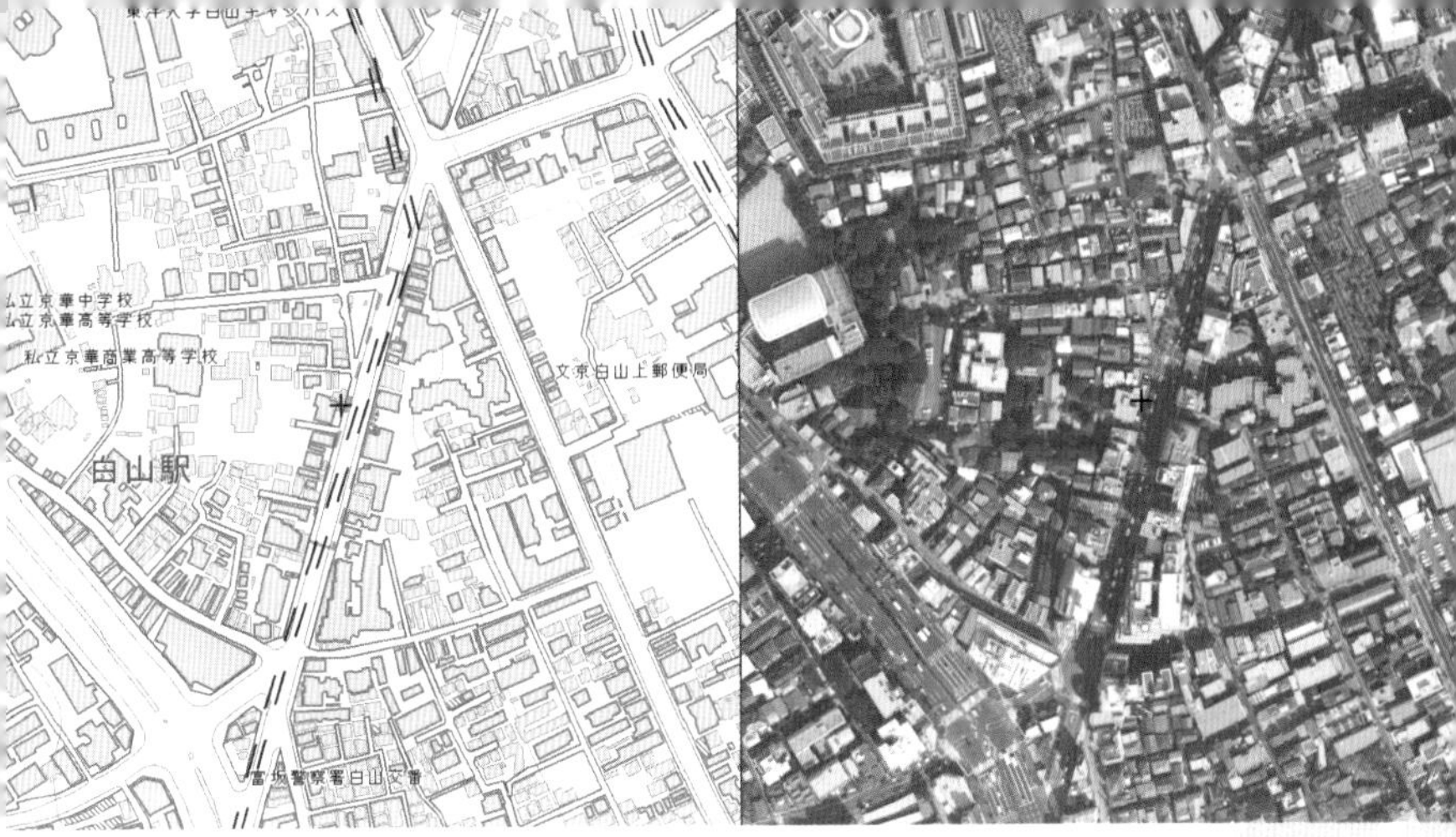

文京区白山

白山に残る江戸時代の五叉路

江戸時代から五叉路だった

江戸時代の三叉路が年月を経て五叉路に進化した、って話が続いたが、実は江戸時代にも既に五叉路があったのである。江戸時代にできた五叉路、今でも五叉路。これはなかなかレアだ。。

それがあるのは文京区白山。しかも2箇所である【図1】。

ひとつは中山道にある十字路に細い道が1本追加された五叉路。後世に道が増えたパターンかなと江戸時代の地図【図2】にあたると、江戸時代前期の時点ですでに五叉路で驚いたところ。しかも、その五叉路から旧白山通りを下ったところにも五叉路があるのだが、それもまた江戸時代前期の地図ですでに五叉路だったのである。

【図1】現代の地図

白山神社に沿って坂の上と下に2つの五叉路がある文京区白山。どちらも江戸時代からの五叉路だ。

【図2】江戸前期（1671年）の地図

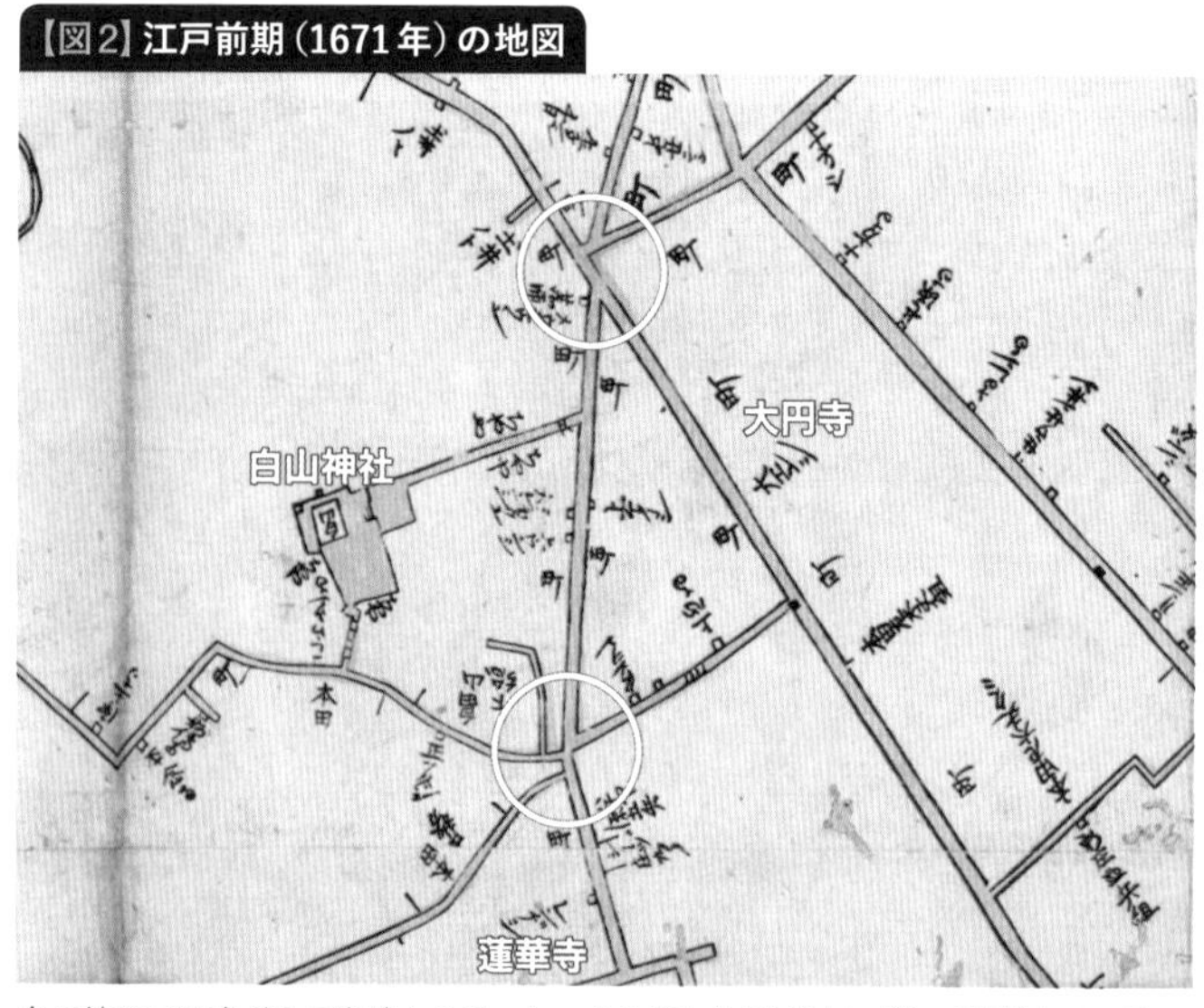

今に続く五叉路がこの当時からあった。さすがに位置が少しずれて接続している。

江戸時代からずっと続く連続の五叉路。なかなか面白いではないか。

文京区白山の地名の由来は、そこに鎮座する**白山神社**(はくさん)からだ。

現代の地図【図1】を見ると、白山神社が南北に延びた狭くて細い台地の端に鎮座しているのがわかる(水色は標高が低いところ)。

白山神社への表参道は旧白山通りの坂道(薬師坂、あるいは白山坂などという)の途中から分かれて延びているのだが、その旧白山通りの坂の上(白山上交差点)と坂の下それぞれに五叉路があるのである。

白山上の五叉路から見てみよう。

場所は**中山道**の交差点。

神田明神の前を経て、東京大学の前を南北に貫く道が中山道。東京大学正門前よりちょっと北へいったところで、この道は中山道と

白山上の五叉路を中山道の歩道から見る。左手に下るのが旧白山通り。

岩槻街道（日光御成道）とに分かれる。ここは江戸時代の「追分」で、一里塚も置かれた場所だ。今は江戸時代から続く「高崎屋商店」という酒屋が目印になっている（P165）。

追分から先、まっすぐ進む道が岩槻街道、左へクランク状に曲がってから、岩槻街道とほぼ平行して北上するのが中山道だ。中山道といえば今の国道17号線で交通量が多い幹線道路というイメージだが、文京区あたりではけっこうのんびりとしており、地方道といっても疑われないくらいの道だ。

しばらく並行して北上した2本の街道は、やがて白山に至る。

五叉路がある白山上交差点は中山道上の交差点。

この交差点から、旧白山通りに従って坂を下る途中右手に白山神社の表参道がある。

白山神社と反対方向に向かう道は、細い道（【図1】A）と比較的広い道（【図1】B）の2本がある。どちらも岩槻街道に通じる道だ。このあたりで中山道と岩槻街道との距離は100mほどと、すぐ近くなのである。

交差点から直角に岩槻街道に向かう道（【同】B）は、岩槻街道を越えるとそのまま駒込大観音の前を通って団子坂を下り、さらに坂を上って谷中へと至る古い道だ。

もう1本、中山道から斜めに入る細い道（【同】A）も150mほどで岩槻街道と斜めに交差し、動坂を下って田端方面へ向かう。動坂は元は「不動坂」といい、坂の上に「目赤不動」があったから（今は岩槻街道沿いに移転している）その名がついている。つまりこれも古い道なのだ。

古道が集まって、五叉路ができたのである。

【写真1】指ヶ谷の江戸時代から続く五叉路を、旧白山通りから見たパノラマ写真。

続いて白山下の五叉路へと向かおう。

中山道から旧白山通りの薬師坂を下りきったところは「指ヶ谷」（さしがや／さすがや）という谷地。三代将軍徳川家光が鷹狩りに来て木立の茂った谷地を指し示した云々という地名伝承があるが、古語辞典を調べてみると「さし」は上代の「狭し」で、文字通り狭いという意味があった。もとは「狭し谷」で狭い谷という意味だったのが、家光公がこのあたりによく鷹狩りに来たことを絡めて話ができていったのではないかと思う。

その指ヶ谷に五叉路があるので、指ヶ谷五叉路と呼ぶことにしよう。さてここの小さな五叉路、特に街道があったわけではないが、1本、注目すべき道がある。

パノラマ写真【写真1】に写っている正面真ん中の道。谷を越えて向こう側の小石川の台

現白山通りから急な階段を上ると蓮華寺がある。戦国時代に創建された日蓮宗の寺院だ。

地へ、蓮花寺坂（れんげじざか）を上る道だ。斜面に建つ**蓮華寺**（かつては蓮花寺と書いた）は戦国時代に創建された日蓮宗の寺院。崖下から急階段を上ると境内だ。

蓮花寺坂を上ってしばらく歩くと、**小石川植物園**がある。実はここ、白山神社の旧地なのだ。この道は白山神社の旧地と遷座先を結ぶ道でもあったのである。

白山神社は『江戸名所図会』にも描かれたほど名所だったところ。江戸時代の地図を見ても参道は「ちゃや」に挟まれており、多くの参拝客で賑わったのかと思う。

加賀国（石川県）の白山神社から勧請（かんじょう）されたのは平安時代のことと伝わっている。その頃は本郷元町（今の神田川の近く）にあったが、のちに小石川に遷座（せんざ）。

でも１６５２（承応元）年、この地一帯が

表参道にある白山神社の鳥居。ここから入ると、奥に見える社殿の横に出る。

上野国館林藩（今の群馬県）の下屋敷となったため、現在地へふたたび遷座したのだ。旧地と現在地をつなぐ道だと思うと、すでにその頃からあっても不思議はなかろう。

現在の白山神社の場所は谷に挟まれた台地のへりで、神様を祀るのによい地形で、旧社地からも近い。さらに社殿裏手にある富士塚（浅間神社）は古墳で、往古から聖なる土地だったからということもありそうだ。神社が勧請されるべくしてされた場所なのである。

白山神社へは、指ヶ谷の五叉路から少し北へ入る狭い道（【同】C）から急階段を上る裏参道と、旧白山通りの坂の途中から入る表参道があるが、裏参道から境内に入ると、社殿がきちんと正対している。表参道から谷を越えて境内に入ると、横から社殿の前に出る。

一般的な神社の構造を考えると、この急階

白山神社の拝殿。

段が元々の表参道で、小石川方面から参拝していた（氏子はそっちにいたはずだから）んじゃないかと思う。

つまり、坂の上の五叉路も、坂の下の五叉路も白山神社に縁が深い五叉路なのだ。

白山神社裏にある塚。富士塚として浅間神社が祀られているが、実は古墳。

第6章

四叉路

江戸時代、分かれ道には道行く人が迷わないよう石の道標がよく置かれていた。純粋な道標もあれば、地蔵尊や庚申塔といった野仏兼用のものもあってバリエーションに富んでいたが、道路拡幅や区画整理にともなって郷土博物館や寺社へ移されたり、近隣にまとめられるなどして、現地に残されたものは少ない。

ここではその中から、江戸時代の石仏や道標が残る四叉路と、江戸時代から著名な「辻」だった四叉路をピックアップしてみた。

大田区、品川区

荏原の品川道道標

何気ない生活道が古道だった

東京の南部、大田区と品川区の境界に、狭い尾根を東西に貫く、なんてことない道路がある。場所によっては歩道すらない普通の生活道路だ。実はこの道、中原街道と大井や品川を一直線に結んでおり、平安時代の**古代東海道**の名残だと考えられるのだ【図1】。

『延喜式(えんぎしき)』という平安時代の文献には古代東海道の道筋が「駅」名で記されているのだが、そこに「小高」「大井」とある。小高駅は川崎市高津区あたり。そこから東へ進むと多摩川の丸子橋。往古は丸子の渡しがあった場所だ。そこから中原街道を進むと洗足池(せんぞくいけ)。洗足池前を過ぎて坂を登ると中原街道は五反田へ向かうのだが、それだと「大井」にはいけない。洗足池上の交差点から東へ延びる、

【図1】現代の地図

東急大井町線荏原町駅の南を東西に貫く、古代東海道跡の尾根道。

今の長原商店街である細い尾根道が大井方面へまっすぐ続いていて、これが平安時代に東海道として使われた道と推定されているのである。

この道筋は、まだこのあたりが農村だった明治前期の地図【図2】を見るとよくわかる。はっきりと東西の道が描かれているのだ。起伏が少なく街道として利用しやすい尾根を貫いており、近くには「馬込」など古い地名も残り、中世以前に遡れる伝承も残っているなど、古街道として申し分ない。古くからの港町、品川が近いのも重要だったのだろう。

何より、2つの谷に挟まれて北も南も下り坂という尾根をきれいに通っている点が素晴らしい。よい地形を見つけたものだと思う。

注目は東急大井町線荏原町駅周辺【図1】。駅は立会川が作った浅い谷にある。

【図2】明治前期の地図

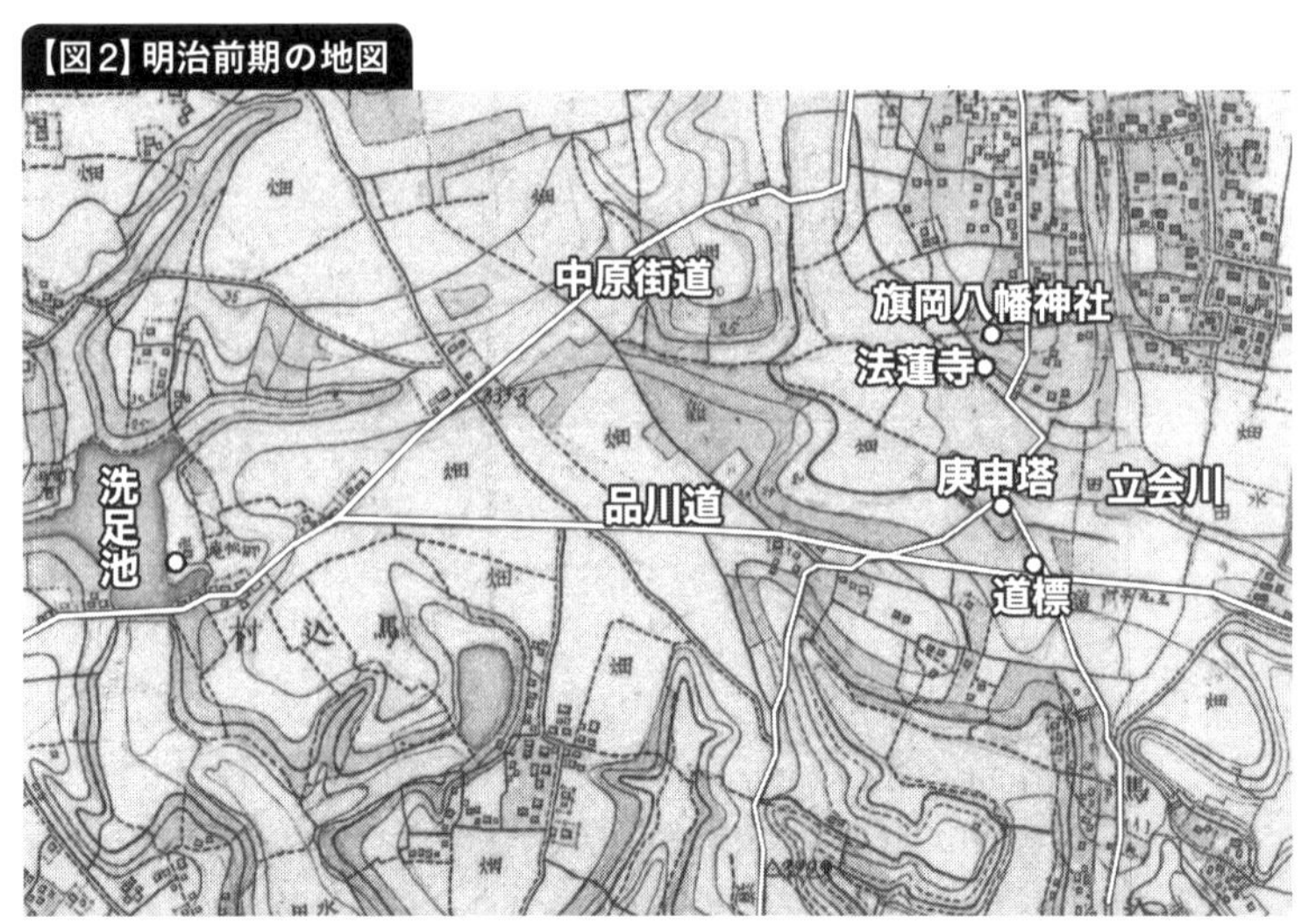

洗足池の坂上で中原街道から分かれて、まっすぐ東に通じる道が描かれている。

その荏原町駅の北には**法蓮寺**というお寺があり、その裏手、坂の上に**旗岡八幡神社**がある。

この「旗岡」は平安時代後期の１０３０（長元３）年、源頼信が平忠常の乱を平定すべく下総へ向かう途中、このあたりに宿営し、源氏の白旗を立てたという伝承から名付けられた地名だ。東京の古い土地に欠かせない源氏伝承のひとつである。鎌倉時代には、このあたりの領主となった荏原氏の館もあった。

そして神社前の南北の道（鎌倉街道伝承がある）を荏原町駅から南下すると、三叉路に庚申塔が残っており、その横に道標がある。そこには「左 池上道、右 光明寺道」と彫られている。左右のどちらを行っても古代東海道と交差するが、ここでは左の池上道を選ぶ。するとすぐ古代東海道の尾根道と交差する。

南北の鎌倉街道と東西の古代東海道（おそらくは府中から品川へ通じる品川道でもあろう）が交差する古代の辻である。今回紹介したいのはここ。

東西南北それぞれの行き先が彫られた、天保2年（1831）の道標が交差点の片隅に残されているのだ。

よく見ると、「北 めくろみち（目黒道）、東 品川道、南 いけかみみち（池上道）、西 せんぞく・おくさわ道（千束・奥沢道）」とある。

池上は池上本門寺方面。本門寺は江戸時代の著名なランドマークのひとつだった。千束は洗足池の洗足と同じ（池も元は千束池と書いていた）、奥沢は今の世田谷区奥沢だ。目黒道は旗岡八幡神社前を北上して、おそらくは目黒不動方面につながっていたのだろう。品川はいうまでもあるまい。今の大井町駅あたりを経由して南品川へ抜けるルートだ。

今はなんてことない小さな交差点だが、江戸時代以前に遡れる古い土地をつなぐ南北の道と東西の道。それらがX字に交わる交通の要衝だったのである。

十字路に残る江戸時代の道標。当時のままずっとここに佇んでおり、今でも道標に刻まれた行き先を読むことができる。

品川区西五反田

中原街道の子別れ地蔵

死者を見送った丁字路

江戸時代、路傍の地蔵尊は疫病などが村に入らないよう護ってもらうべく、村の入口に置かれることが多かった。地蔵菩薩は六道輪廻する衆生を救う仏と信じられていたからである。特に中原街道沿いには地蔵菩薩をよく見かけるが、中でも目を引くのが、桐ケ谷にある「子別れ地蔵」と呼ばれているもの。1727（享保12）年に建てられている。

中原街道は現神奈川県平塚市の中原と江戸を結んでいた街道で、都内は丸子の渡しから洗足池前を抜け、五反田駅あたりから高輪へ続いていた。江戸時代より前からある古い街道で、徳川家康も江戸との行き来にこの街道を使っており、中原街道沿いにある川崎市の小杉には将軍が滞在する小杉御殿もあった。

【図1】現代の地図

桐ヶ谷あたりでは中原街道の旧道と現中原街道が並行しており、旧道沿いに史跡がいくつか残っている。

今は拡幅されて往時の名残はないが、幸いなことに平塚橋あたりから旧道が残っており、道沿いには古い家屋や地蔵などの野仏も多く残されて、散策によい道だ【図1】。

その道沿いに**子別れ地蔵**がある。なぜ子別れか。

ここの丁字路（今は十字路になっているので、四叉路の章に入れた）を北へ曲がると、突き当たりに**霊源寺**（れいげんじ）という浄土宗の寺院があった（今は少し西に移転している）。その裏には、江戸にいくつかあった荼毘所（だびしょ）（火葬場）のひとつが設けられており、死者を埋葬する際、こちらで火葬してからお寺や墓地へ運んでいた。子に先立たれた親が亡骸を見送った場所に供養のため、あるいは哀しむ親をなぐさめるべく地蔵が置かれたのである。そういう哀しい場所であり、今生（こんじょう）の別れを惜しむ丁字路だっ

【図2】明治前期の地図

この頃は十字路よりも丁字路がメイン。今はどれも四叉路になっている。白い○が地蔵尊の場所。

桐ヶ谷斎場への入口に残る「子別れ地蔵」。隣にあるのはかつての台座かと思う。

たのだ。

その荼毘所は明治時代も火葬場として使われ、今でも当時と同じ場所で桐ヶ谷斎場が営まれている。

この地蔵尊から旧道を少し南西へ行くと、「**旧中原街道供養塔群**」がある。もともと10mほど北東の交差点にあったが区画整理によって現在地に移されたものだ。道路拡幅時に場所を失い、マンションの前に間借りしている感じか。

そこには1・9mの大きな地蔵尊、1746年造の小さな地蔵尊、さらに馬頭観音と聖観音の墓碑がある。

このあたりは桐ヶ谷村と戸越(とごし)村の境界にあたり、この地蔵尊も戸越村への入口に置かれたものだろう。

旧中原街道を五反田駅方面へ歩くと、首都高速に遮られて旧道は終わる。現中原街道に移り、TOCビル前のX字の交差点を歩道橋で渡って五反田駅南を抜け、駅前を横切って今の国道1号線（桜田通り）に合流し、高輪の台地へ向かう。

旧道沿いにひっそりと残る「旧中原街道供養塔群」。

港区芝

札の辻

東京で一番有名な辻かも

十字路のことを「辻」という。江戸にも「地蔵辻」など辻の名がついた十字路はいくつかあったが、交差点に名前を付ける習慣はあまりなかったのか、辻の名はあまり残ってないようだ。辻番や辻斬、辻芸人といった言葉で使われる方が知られているかもしれない。

そんな中、ひとつだけ都会のど真ん中に辻の名がついた有名な交差点がある。「**札の辻**」である【図1】。

江戸時代、各集落の人が集まる街角や橋の袂、渡船場などに「**高札場**」が設けられた。高い位置に禁制や掟書、犯罪人の罪状などを掲示するための場所で、幕府に厳重に管理されていた。新しい掟ができたときや罪人を手配するとき、その他告知を行う重要な場所だ

【図1】明治末期と現代の地図

左が明治末期の札の辻。交差点名が書いてある。元はY字路だった。右が現代の札の辻。海岸へ道が延ばされ、拡幅され、巨大なX字の交差点となっている。

ったのである。町の人々が集まって高札場の札を見上げるシーンは時代劇の定番だ。

その高札場が設けられた辻を一般に「札の辻」と呼んでいた。だから江戸市中に複数の札の辻と呼ばれる場所があり、港区に残る「札の辻」もそのひとつだ。

JR山手線の田町駅や都営浅草線三田駅からすぐ。国道15号線（第一京浜）にある。この道は江戸時代の旧東海道。江戸時代初期の1616年、江戸への入口として「芝口門」が建てられた（といわれている）場所で、高札場も設置されたのだ。

西から品川宿を抜けてやってきた東海道はここで江戸に入ると二手に分かれていた。1本は東海道をそのまま日本橋へ向かう道、もう1本は赤羽橋を抜けて虎ノ門、さらには桜田門へ向かう道だ（今の国道1号線）。江戸城

今の札の辻交差点を南から見たカット。歩道橋に「札の辻」と書かれている。札の辻の解説板は交差点の北、国道15号線の西側に設置されている。

に向かうならここで赤羽橋へ向かう方が近いこともあって、高札場を設置するのに相応しい場所だったのだろう。ちなみに、今の国道1号線のルート（慶應義塾大学前から飯倉（いいくら）の交差点を経て虎ノ門、桜田門へ向かう道）はかつて小田原道と呼ばれており、小田原北条氏が江戸を領していた時代の東海道だと思われる古い道筋だ。

そしてこの三叉路は「札の辻」と呼ばれた。十字路でないのに辻と呼んだのである。高札場がある辻はいくらでもあったろうに、「札の辻」が特定の辻を示す固有名詞になったのは、東海道の江戸の入口という、もっともメジャーな街道に置かれたのが大きいのだろう。

江戸の拡張にともない、新しい江戸の入口が「高輪大木戸」に代わり、1683年、高札場もそちらへ移動したため、札の辻は「元札の辻」に改称されたという。

本当に昔から「札の辻」は有名だったのか調べてみようと古い江戸絵図にあたってみると、確かに、高札場が移る前の寛文13年（1673年）に発行された「新板江戸外絵図」【図2】には「高札場」を示す記号とともに「札ノ辻」と書いてある。高札場の記号は何カ所かにあるが、わざわざ「札ノ辻」と書かれたのはここだけだ。江戸時代前期から「札の辻」として有名だったのだ。

さらに、江戸時代末期の嘉永3年（1850年）に発行された「江戸切絵図」【図3】を見るとわざわざ「元札辻」と書かれている。なるほど、確かに昔から有名な辻だったのだ。

それが定着していたので、明治になって高札場がとっぱらわれても「札の辻」という地名だけが残ったのだろう（「元」は取っちゃったけど）。

今は幹線道路と幹線道路が合流する巨大な交差点で、さらにかつて海だった土地の方へ延びる道ができて四叉路になっていて（JRの線路を渡る橋は札の辻橋）当時の風情はまったくないけれども、東海道をそのまま南下すると、御田八幡神社、さらに南下すると高輪大木戸跡（石垣が一部残されている）と、江戸時代の名残に親しむことができる【図1】。ちなみに高輪大木戸跡の最寄り駅は「高輪ゲートウェイ駅」（2020年3月開業）である。

【図2】1673（寛文13）年の「新板江戸外絵図」

札の辻あたり。よく見ると高札場の記号と「札ノ辻」という文字が描かれている。

【図3】1850（嘉永3年）の「江戸切絵図」

文字が潰れて読みづらいが「元札辻」と書かれている。

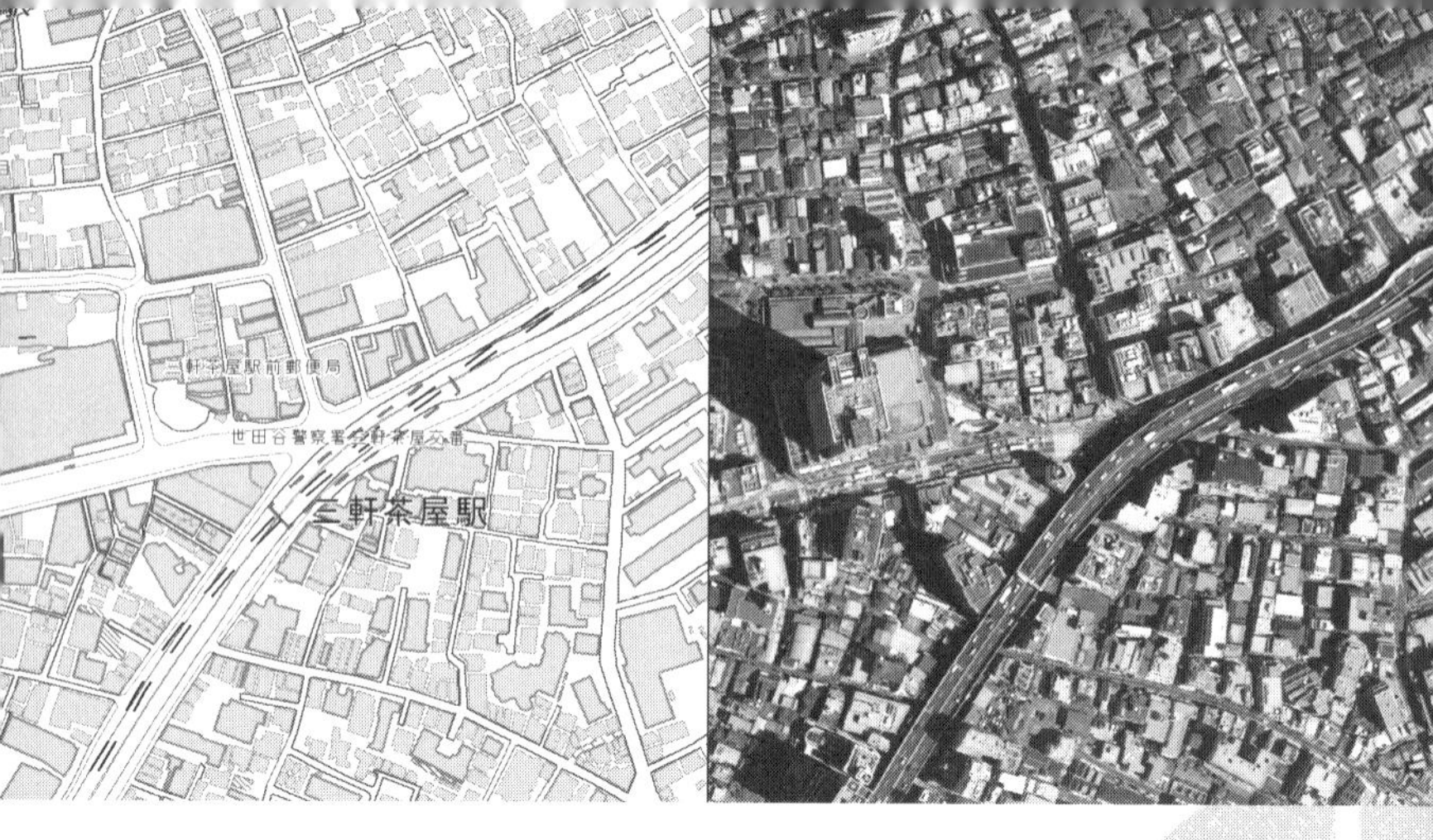

世田谷区三軒茶屋

三軒茶屋に残る江戸時代の道標

幹線道路の片隅に

戦後、高度成長期を迎えた東京では道路がどんどん作られ、古い道路は舗装され、交通量が多い道路は拡幅され、自動車の時代に合わせて作り替えられていくその過程で、路傍にあった野仏（のぼとけ）や道標はその居場所を失い、多くは近くの寺院や神社、郷土博物館などへ寄贈されていった。だから大通り沿いに江戸時代の名残が少ないのだ。あの時代、野仏や道標を残す余裕はなかっただろうし、無理に残しても環境が悪くて激しく劣化しただろうからしょうがない面もある……が、とりあえずわたしが知る限りではひとつだけ、真上を首都高が通るような幹線道路に残った道標があるのだ。

その場所は世田谷区三軒茶屋。

三軒茶屋は今でも人気の住宅街だ。いくつか昔の道筋が残っている（白線）。

赤坂見附方面から渋谷へ延びる青山通り（国道246号線）は渋谷を過ぎると玉川通りと名を変え、空中に首都高速の高架、地下に東急田園都市線を従えて二子玉川に向かって走る。途中で名前が変わるのもややこしいので、一般には「にーよんろく」と呼ばれている。

その国道246号線は三軒茶屋の交差点で玉川通りと世田谷通りに分かれる【図1】。世田谷通りは世田谷を抜けて登戸に向かい、多摩川を渡ると津久井道と名前を変える。

その元になった道が、江戸時代の「**大山道**」。江戸から神奈川県の大山にある大山阿夫利神社へ参拝する人たちが使った大山詣での道だ。大山詣では江戸や近郊の各地から行われたので、大山道は各地にあったが、特にこの道は江戸から大山へ向かうのによく使われたから、大山道の代名詞のようになった。本来は「矢倉沢往還」という。箱根と丹沢の間にある矢倉沢に通じる往還だったからだ。さらに矢倉沢を抜けると足柄峠であり、そこを越えると富士山の北麓方面へもつながっていた。

この大山道が世田谷区を抜けるルートは2本あり、三軒茶屋で二手に分かれていたのだ。

古いルートは今の世田谷通り。もともとこの街道は室町時代に世田谷城と江戸城を結ぶ道でもあり、いったん世田谷を抜けてから、南西にカーブして用賀経由で二子の渡しに向かっていたのである。

それが江戸時代の中頃、世田谷を通らないで二子の渡しへショートカットする新しいルートが開かれた。それがのちの国道246号線（玉川通り）なのである。そしてこの分か

【図2】明治前期の地図

明治13年頃の三軒茶屋交差点。渋谷から来た街道がきれいに2つに分かれている。

れ道に道標が置かれたのだ【図2】。

最初は寛延2年（1749）に建てられ、文化9年（1812）に再建されたことが道標に彫られた文字からわかる。

道標にはさらに「左 相州道・大山道、右 富士・世田谷・登戸道」と書かれている。写真でわかるように、「相州道」（相模国、つまり今の神奈川県西部への道）の文字は小さく「大山道」が大きいことから、大山詣でをする人のための案内だったことがわかる。

「富士・世田谷・登戸道」は世田谷を経由して登戸の渡しへ向かう道ということ。ほぼ今の世田谷通りだ。登戸を越えると津久井道と名を変え、津久井方面へ向かう。「富士」とあるのは、府中から大山経由で富士山へ向かう道（富士大山道と言われていた）と途中で合流していたのだろう。

三軒茶屋の名は、この追分（おいわけ）は利用者が多く、旅行者のための茶屋が3軒あったことから。大山詣でのみならず、江戸時代の行楽地として人気だった多摩川へ向かう人も使っていたから賑やかだったろう。道標はその茶屋のひとつ石橋楼の角に建てられていた。

その後、明治40年（1907）に渋谷と二

三軒茶屋駅への入口前に残る大山道道標。「大山道」の文字が目立つ。

東急世田谷線三軒茶屋駅の上にあるキャロットタワー展望フロアから撮影した三軒茶屋の交差点。上空を首都高速が走る巨大な交差点に江戸時代の道標が残るという、歴史を感じさせる場所だ。

子玉川を結ぶ路面電車の玉川線が開通し、下北沢と三軒茶屋を結ぶ茶沢通りが作られて四叉路となり、高度成長期に交通量が増えて渋滞が慢性化すると、玉川線を地下に移す（地下化されて新玉川線となり、のち田園都市線と改称された）と同時に上空には首都高速を作るという一大工事が行われ、今の三軒茶屋ができあがったのだ【図1】。

今も残る東急世田谷線は、玉川線時代の名残。三軒茶屋駅から分かれて下高井戸駅へ向かう支線だったが、専用軌道だったため生き残ったのである。元が路面電車だったのでほとんどの駅に改札はなく、２両編成の車両が住宅地を駆け抜けている。

第7章

三叉路

本書で紹介した多叉路には、三叉路が発展したものが非常に多い。中世には鎌倉や小田原、近世には江戸を中心として放射状に道が整備されたため、途中で各地方へ枝分かれしやすいというのもあるだろうし、わざと十字路にするのを避けたふしのある三叉路もある。そんな三叉路も時代を経て四叉路五叉路に育っていったのだが、中には三叉路のまましっかり残っている交差点もある。最終章では、今も残る三叉路から代表的な「追分（おいわけ）」と、丁字路を紹介したい。

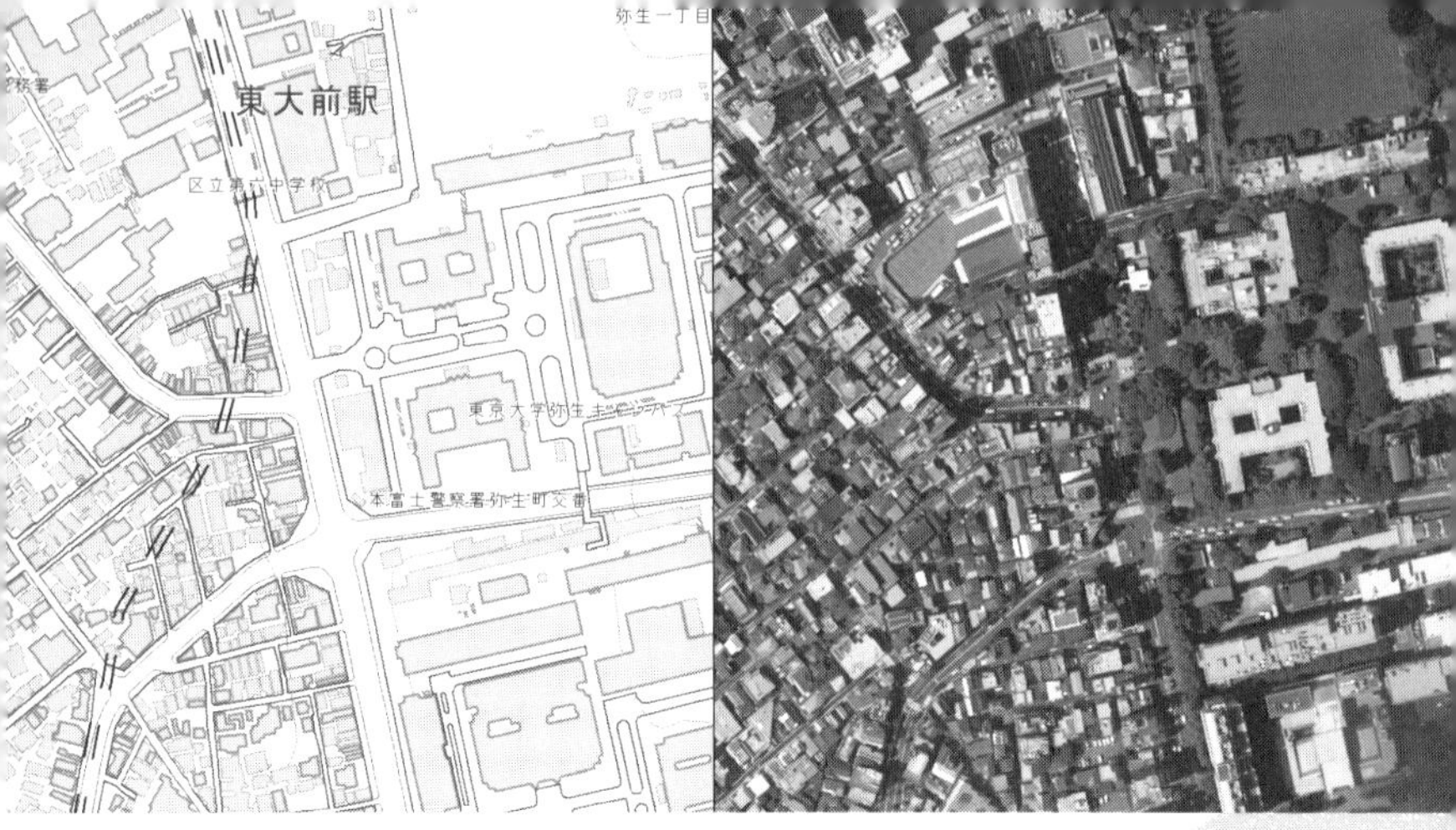

文京区向丘

東京大学前に残る本郷追分

直角につながる中山道

街道が枝分かれする「追分（おいわけ）」は江戸の各地にあった。甲州街道と青梅（おうめ）街道が分かれる新宿の追分（今でも追分団子という和菓子店がある）、中山道（なかせんどう）から川越（かわごえ）街道が分かれる板橋の追分（平尾（ひらお）追分）、前章で紹介した世田谷通りと玉川通りの追分もそうだし、千住にも日光・奥州（おうしゅう）街道から下妻（しもつま）街道が分かれる追分がある。

その中で当時の三叉路をそのまま受け継いでいてなおかつ著名な追分といえば、中山道と岩槻（いわつき）街道が分かれる**本郷（ほんごう）追分**（駒込（こまごめ）追分ともいう）だ。足されも引かれもせず、江戸時代そのままの道筋が残っているのである。

日本橋から北西に向かって本郷台地に上り、台地上の尾根道を北上する中山道は、本郷

【図1】現代の地図

東京大学前を北上すると、本郷通りから中山道が分かれる三叉路がある。Y字ではなくクランク状に分かれているのが特徴だ。

（今の東京大学があるあたり）で2つに分かれていた。そのまままっすぐ進むのが**岩槻街道・日光御成道**と呼ばれた今の本郷通り。左に曲がるのが五街道のひとつだった**中山道**だ。

岩槻街道は道沿いに城址や中世以前からの古社古刹がいくつも残る、中山道より古い道。源頼朝伝承のある駒込天祖神社、太田道灌伝承のある駒込妙義神社、平安時代後期に豊島氏の居館があった平塚神社、鎌倉時代後期創建の王子神社と、沿道の神社はどれも古く、またこの街道は室町時代には江戸城と岩槻城を結ぶ道として使われていたのだ。

中山道はその岩槻街道に直角に接続しているのが特徴。交通量の多い2本の街道をY字で合流させるとトラブルが起きやすい。そこで中山道をわざとクランク状に曲げてつないでいるのだ【図1】。ちなみに、新宿の青梅街道と甲州街道の追分もそうなっている。
　江戸時代には五街道のひとつとして中山道が整備され、この本郷追分から板橋、浦和、さらに群馬県、長野県方面へ抜ける中山道と、赤羽、岩槻、さらに栃木県から奥州へ抜ける岩槻街道とが使い分けられていた。

【図2】1673（寛文13）年の「江戸外絵図」

この頃はまだ大きな大名屋敷があるくらいだが、今に残る道筋がすでに何本も描かれている。

　この追分は日本橋からちょうど1里にあることから**一里塚**も設置された。江戸時代前期の地図**【図2】**を見るとはっきりと一里塚が描かれている。今、一里塚はまったく残っておらず（最後まで一里塚に残っていた碑は根津神社に移された）江戸時代の名残はまったくな

【図3】嘉永3年（1850）の江戸切絵図

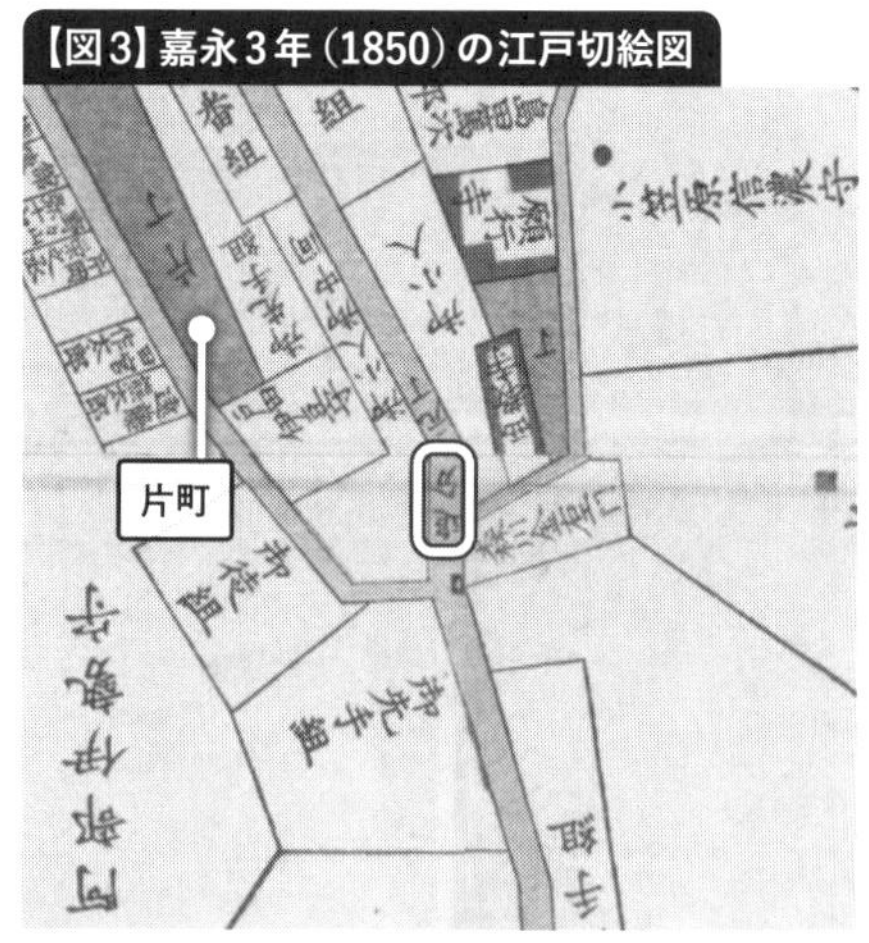

中山道沿いに「片町」とあるが、これは片側町の略。今でも「西片町」という名が残っている。

本郷追分。左へ分かれるのが中山道、まっすぐ進むのが岩槻街道。正面に見える高崎屋商店は江戸時代から続く老舗酒店だ。商店の壁に一里塚の解説板が置かれている。

い……かと思いきや、ひとつだけあるのだ。それは追分にある「**高崎屋商店**」。

江戸時代半ばから続く老舗の酒屋だ。18世紀半ばに初代高崎屋長右衛門が始めた高崎屋は、19世紀初頭には酒と醤油を扱う大店として大繁盛して支店も持つに至ったが、天保の改革で徹底的に贅沢が戒められ、そのあおりで縮小を余儀なくされた。それでも同じ場所で現在も酒屋を営み続けている。

追分の南は、東側に**東京大学**があることで有名。東京大学は加賀前田家の上屋敷跡。広大な敷地がそのまま大学に受け継がれた。有名な赤門は、1827（文政10）年に徳川家斉の息女を迎え入れるために建てられたものだ。加賀前田家は参勤交代で中山道を使う大名の中で一番の大家だったので、中山道経由で江戸への入口にあたるこの場所に上屋敷を設けたのだろう。加賀前田家上屋敷の北側（今の東京大学農学部あたり）には水戸徳川家の下屋敷があった。

東京大学の東には「弥生式土器ゆかりの地碑」が建てられている。弥生時代の名も弥生式土器の名もここ「文京区弥生」で土器が発見されたことに由来する。弥生時代から集落が営まれていた古い土地なのである。

北区赤羽

赤羽の岩槻街道丁字路

丁字路に残る道標

岩槻街道は王子から十条、赤羽を経て、**岩淵の渡し**で荒川を渡り、川口宿へ向かう。渡しのある岩淵は鎌倉時代の紀行文『とはずがたり』に、「岩淵の宿といひて、遊女どものすみかあり」と記されており、鎌倉時代の時点で遊女がいるような大きな宿があったのだからかなり賑わっていたようだ。岩槻街道は**鎌倉街道**のひとつ。赤羽駅の南西には室町時代に築かれた稲付城（今の静勝寺）もあったほど重要な街道だったのである。

岩槻街道が岩淵宿に至る直前、西から来る板橋道が**宝幢院**の門前で合流する。この道も鎌倉街道伝承のある古道だ。

その丁字路に江戸時代中期の道標が今でも残されているのである【図1】。1740年に

【図1】現代の地図

JR赤羽駅北側にある、古道が合流する丁字路。赤羽の歓楽街から少し外れたところに古いお寺や道標が残っている。

建てられた道標にはその案内がはっきり彫られているので読んでみたい。

「南 江戸道」。赤羽は江戸の外にあるわけで、南は江戸へ向かう道ということで江戸道。江戸と大まかな地名で書かれているということは遠方から訪れた人に向けたものなのだろう。

「西 西国富士道 板橋道」。西は板橋へつながるので板橋道。中山道につながっていた。

明治期の地図を辿ると、中山道と交わるのは板橋宿のかなり北で蓮沼（はすぬま）あたりだ。板橋へ寄らずにまっすぐ行くと、川越街道の上板橋宿あたりに辿り着く。そこから川越街道を西へ向かって練馬区に入ると、今でも富士街道と呼ばれる道が残っている。板橋区や練馬区では「富士大山道」と彫られた道標も残っており、大山方面から足柄（あしがら）を抜けて富士山北の登山口へつながっていたのだろう。富士へ向か

宝幢院前に残る江戸時代中期の道標。南 江戸道、東 川口善光寺道 日光岩付道と彫られているのがはっきりとわかる。

う道である。「東 川口善光寺道 日光岩付道」。岩淵の渡しで荒川を渡るとすぐに川口善光寺があり、少し行くと川口宿がある。日光岩付道の岩付は岩槻のこと（今のさいたま市岩槻区）。岩槻街道は「日光御成道」（将軍が日光へ向かうときに使う道）でもあり、岩槻宿経由で日光へつながっていた。

江戸時代、主要な道の道標には「近くの目的地」と「遠くの目的地」が併記されており、利便性が高かったのだ。また、道標を建てた当時の人々にとって目的地とされる場所がどこだったのかがわかって、後世の我々にもありがたい。

道標が置かれている宝幢院の号は医王山東光寺。室町時代の１４６１（寛正２）年創建という真言宗の古刹で、当初は浮間（荒川沿いの低地）にあったが、洪水を避けて赤羽に移転してきたという。境内には区内最古の庚申塔（１６３９（寛永16）年）もある。

宝幢院の北西、赤羽台地の端に**赤羽八幡神社**がある。赤羽や岩淵一帯を一望できる崖の上で、伝承によると平安時代初期に征夷大将軍の坂上田村麻呂がここで陣を張って創建したという古社だ。今は新幹線のトンネルが神

【図2】明治前期の地図

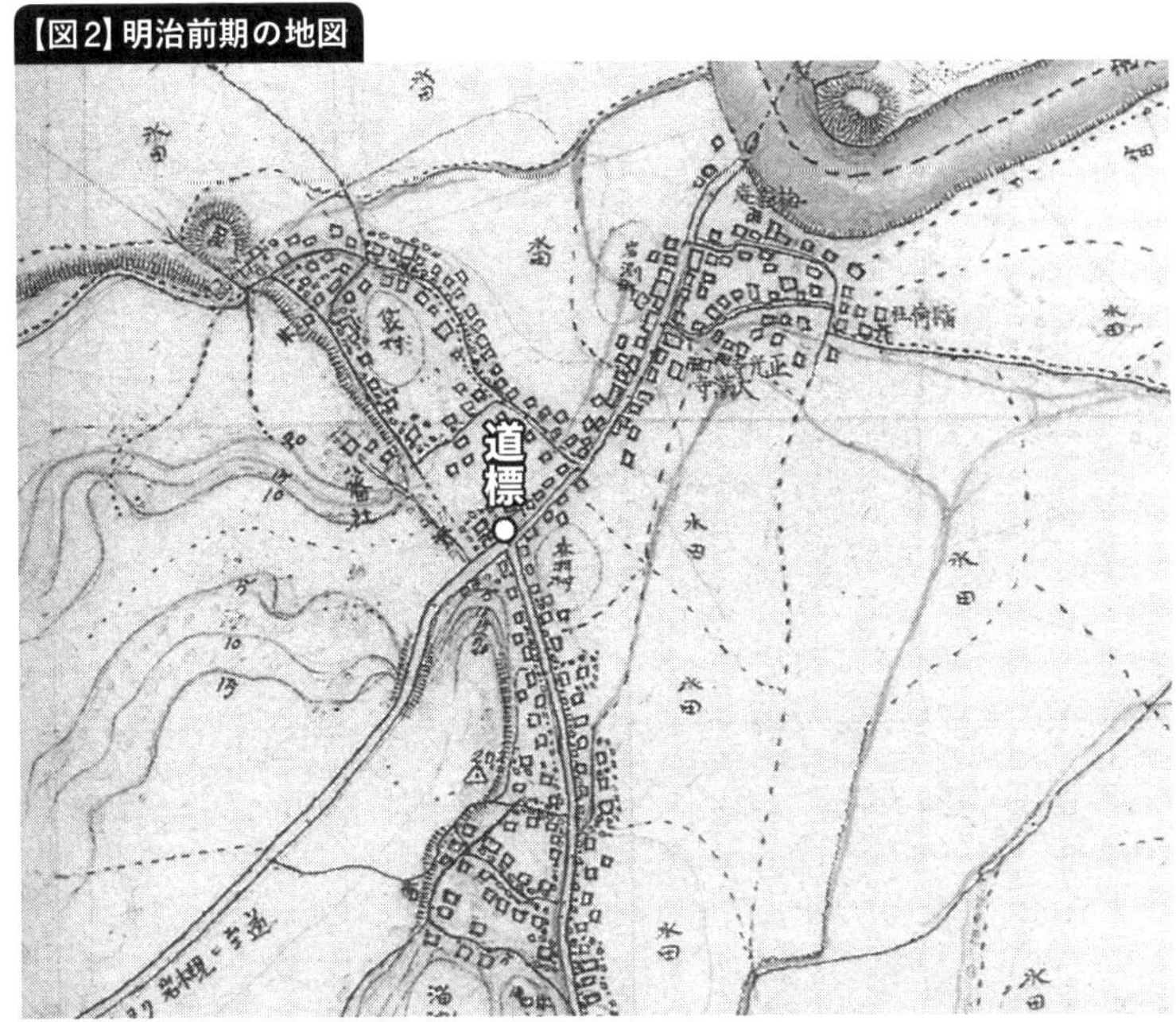

今より道路が少ないので各街道の接続がよくわかる。右上に描かれているのが荒川とその渡しだ。

社の真下を貫いている。もともと宝幢院の西側、板橋道からまっすぐ北へ参道が延びていたが、今は駐車場で分断されており、旧来の参道を使えないのが残念。ＪＲの高架をぐるっと回っていく必要があるし、標高差があるので上り坂や階段でちょいと体力を奪われるが、非常に眺めがよいのでおすすめ。往古の軍勢がここに陣を張りたくなる気持ちもわかるというものだ。

column 3

裏道に残る道標たち

東京23区内にも、江戸時代の道標がそのまま残っている場所はある。幹線道路からちょっとずれた古い道が狙い目だ。

【写真1】は渋谷区の代官山に残る地蔵尊。台座に「右 大山道・左 祐天寺道」と彫られている。「左」の「工」が「ヒ」になっている。

【写真2】は世田谷区経堂の村道にある。庚申塔の下部に「南 二子道」、「西 ふちうみち」（府中道）とある。

【写真3】は板橋区志村の中山道旧道から分かれる丁字路に残る道標。「是 富士山大山道」と彫ってある。興味深いのはその下。練馬へ一里、柳沢へ四里、府中へ七里。近場へ行く人にも親切な作りだ。

近所でこんな道標を見かけたら、江戸時代の人はこういう道標を頼りに歩いていたのだなと思いを馳せてみたい。

【写真1】渋谷区猿楽町

【写真2】世田谷区経堂

【写真3】板橋区志村

あとがき

本書を手にしていただき、ありがとうございます。著者の荻窪圭です。今まで古地図をベースにした東京の古道の本や神社の本、歴史散歩の本を書いてきましたが、今回の多叉路散歩はどれよりもユニークな内容になったのではないかと思います。第1章が九叉路で、第2章が八叉路で、とややこしい構成にしてしまってすみません。面白いかなと思ってしまったもので。

多叉路の取捨選択には苦労しました。わたしが今まで歩いた中で歴史的に面白いと思った交差点を中心にピックアップしましたが、特に五叉路に関しては泣く泣く割愛した大きな交差点がたくさんあります。もし機会があればどこかで紹介できればと思います。

本書で使っている(古写真を除く)すべての写真はわたしが自分で撮影したものです。

表紙の写真はリコーの360度カメラTHETA Z1で撮影しました。360度カメラ好きとしては表紙で使うことができて嬉しい限りです。

最後に、「東京の辻の本を書いてみませんか」と持ちかけてくれた、淡交社の加納様、いつの間にか多叉路探索本になってしまいましたが、根気よく待ってくれてありがとうございました。また今回の表紙や本文デザインはデザイナーをしている妻にたのみました。10冊以上本を書いてますが、一緒に仕事をするのは今回がはじめて。原稿の遅れを目の前でつつかれたりもしましたが、よいデザインと表紙にしてくれて感謝しております。

ではまたどこかでお目にかかりましょう。

2020年1月吉日　荻窪圭

参考文献一覧

一般書籍

『東京暗渠学』 本田創 洋泉社
『新版 図説歴史散歩事典』 佐藤信 編　山川出版社
『川の地図事典』 菅原健二 之潮
『東京の自然史』 貝塚爽平 講談社学術文庫
『旧鎌倉街道探索の旅』(上道編) 芳賀善次郎 さきたま出版会
『旧鎌倉街道探索の旅』(中道編) 芳賀善次郎 さきたま出版会
『旧鎌倉街道探索の旅』(下道編) 芳賀善次郎 さきたま出版会
『武蔵古道ロマンの旅』 芳賀善次郎 さきたま出版会
『番地の謎』 今尾恵介 光文社知恵の森文庫
『とはずがたり』(上下) 次田香澄　講談社学術文庫

『東京古道散歩』 荻窪圭　中経の文庫
『東京古道探訪』 荻窪圭　青幻舎
『古地図と地形図で楽しむ東京の神社』 荻窪圭　光文社知恵の森文庫

各種自治体発行の冊子

『ぶんきょうの坂道』 文京ふるさと歴史館
『ぶんきょうの町名由来』 文京ふるさと歴史館
『中世寺院と品川—妙国寺の歴史と寺宝』 品川歴史館 特別展図録
『大井　—海に発展するまち』 品川歴史館 特別展図録
『品川の古道』 品川区教育委員会
『杉並の古道』 杉並区教育委員会
『地図でみる世田谷』 世田谷区立郷土資料館
『下谷・浅草　史跡をたずねて』 東京都台東区
『しながわの史跡めぐり』 品川区教育委員会
ほか
各寺社の由緒書きなど

参考Webサイト

国立国会図書館デジタルコレクション(新編武蔵風土記稿, 江戸名所図会など)
　https://dl.ndl.go.jp/
東京都遺跡地図情報インターネット提供サービス
　https://tokyo-iseki.metro.tokyo.lg.jp
猫のあしあと
　https://tesshow.jp
ジャパンナレッジ(日本歴史地名大系 国史大辞典 江戸名所図会など)
　https://japanknowledge.com
ほか

出典一覧

地図の出典

【紙の地図】
「明治前期測量2万分1フランス式彩色地図」 日本地図センター
「豊島区詳細図」 日地出版株式会社　昭和32年6月
「東京案内図」 株式会社和楽路屋　出版年不明
「寛永江戸全図」 之潮
【オンライン地図】
「地理院地図」 国土地理院　http://maps.gsi.go.jp
「東京時層地図」「東京時層地図 for iPad」 一般財団法人日本地図センター
「カシミール3D スーパー地形セット」 DAN杉本　http://www.kashmir3d.com
「目黒筋御場絵図」 国立公文書館デジタルアーカイブ　https://www.digital.archives.go.jp
各種江戸絵図　国立国会図書館デジタルコレクション　https://dl.ndl.go.jp

古写真の出典

「東京名所写真帖」 明治時代　国立国会図書館デジタルコレクションより

クレジット、掲載頁一覧

◎写真　すべて著者撮影

◎空中写真（衛星写真）
「地理院地図」8, 18, 29, 42, 51, 60, 70, 83, 93, 101, 107, 116, 127, 137, 146, 150, 154, 158, 164, 168p

◎地図
「地理院地図」各章扉, 8, 18, 29, 42, 51, 60, 70, 83, 93, 101, 107, 116, 127, 137, 146, 150, 154, 158, 164, 168p
「東京時層地図」「東京時層地図 for iPad」20, 21, 27, 31, 32, 33, 44, 45, 56, 57, 63, 74, 105, 114, 125, 155, 176p
「カシミール3Dスーパー地形セット」9, 13上, 19, 30, 43, 52, 61, 71, 76, 84, 86下, 94, 102, 108, 117, 128, 138上, 147, 151, 159, 165, 169p
「明治前期測量2万分1フランス式彩色地図」13下, 86上, 96, 103下, 129, 148, 152, 160, 171p
「江戸切絵図」16, 122, 157下, 166p下
「寛永江戸全図」64p
「豊島区詳細図」66p
「目黒筋御場絵図」73, 85, 135p
「東京案内図」2, 110p
「新板江戸外絵図」119, 138下, 157上, 166p上, カバー帯
「万寿御江戸絵図」103p上

◎『江戸名所図絵』 国立国会図書館デジタルコレクションより　49p

◎『東京名所写真帖』 国立国会図書館デジタルコレクションより 109p

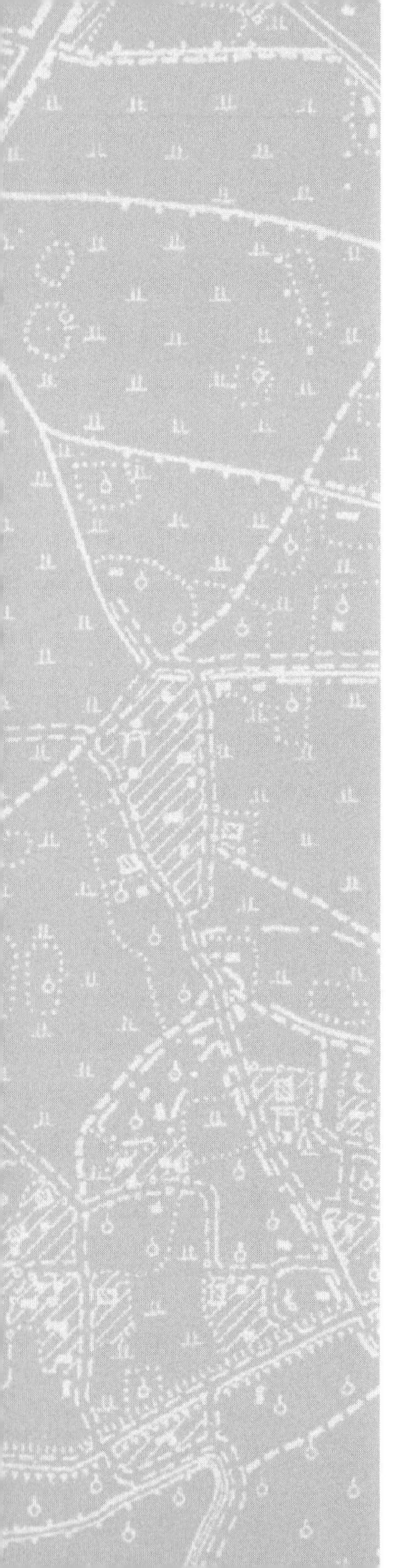

荻窪 圭（おぎくぼ けい）

1963年生。老舗のIT系ライター兼デジカメ評論家にして古道・古地図愛好家。趣味が高じて刊行した『東京古道散歩』をきっかけに「タモリ倶楽部」に古道研究家として出演。新潮講座「東京古道散歩」講師など街歩きのガイドもつとめる。古地図を見ながら都内を散歩するのが趣味。著書に『東京古道探訪』（青幻舎）、『古地図と地形図で楽しむ東京の神社』（光文社知恵の森文庫）ほか多数。Twitterアカウントは@ogikubokei

ブックデザイン　吉田恵美［mewglass］

東京「多叉路」散歩

交差点に古道の名残をさぐる

2020年3月26日　初版発行

著　者　荻窪 圭
発行者　納屋嘉人
発行所　株式会社 淡交社
　本社　〒603-8588
　　京都市北区堀川通鞍馬口上ル
　　営業　075-432-5151
　　編集　075-432-5161
　支社　〒162-0061
　　東京都新宿区市谷柳町39-1
　　営業　03-5269-7941
　　編集　03-5269-1691
　www.tankosha.co.jp
印刷・製本　シナノ書籍印刷株式会社

ISBN978-4-473-04396-2